Telegramas para Marte

Ciência e Cultura

Consultor:

Henrique Lins de Barros

Diretor do Museu de Astronomia e Ciências Afins, MAST/CNPq

Entre o Cristal e a Fumaça
Henri Atlan

Telegramas para Marte
Eduardo Dorneles Barcelos

Teorias de Tudo
John D. Barrow

A Caixa Preta de Darwin
Michael Behe

Convite à Física
Yoav Ben-Dov

História Natural do Homem
André Bourguignon

Gigantes da Física
Richard Brennan

20.000 Léguas Matemáticas
A.K. Dewdney

A Escuridão da Noite
Edward Harrison

Inteligências Extraterrestres
Jean Heidmann

A Revolução Científica
John Henry

Fim de Milênio
Bertília Leite e Othon Winter

As Origens de Nosso Universo
Malcolm S. Longair

Vírus e Homens
Luc Montagnier

Uma Breve História do Infinito
Richard Morris

Os Grandes Experimentos Científicos
Michel Rival

O Espectro de Darwin
Michael R. Rose

A Unificação das Forças Fundamentais
Abdus Salam et al.

Será que Deus Joga Dados?
Ian Stewart

De Arquimedes a Einstein
Pierre Thuillier

O Tempo na História
G.J. Whitrow

Projeto Genoma Humano
Tom Wilkie

À Beira D'Água
Carl Zimmer

Eduardo Dorneles Barcelos

Telegramas para Marte

A busca científica de vida e inteligência extraterrestres

Jorge Zahar Editor
Rio de Janeiro

Para
Maria Paula, Daniel e Natália,
companheiros desta jornada pela Galáxia

Jorge Zahar Editor Ltda.
rua México 31 sobreloja
20031-144 Rio de Janeiro, RJ
tel.: (21) 240-0226 / fax: (21) 262-5123
e-mail: jze@zahar.com.br
site: www.zahar.com.br

Capa: Sérgio Campante

CIP-Brasil. Catalogação-na-fonte
Sindicato Nacional dos Editores de Livros, RJ.

Barcelos, Eduardo Dorneles
B218t Telegramas para Marte: a busca científica de vida e inteligência extraterrestres / Eduardo Dorneles Barcelos. — Rio de Janeiro: Jorge Zahar Ed., 2001
: il.. — (Ciência e Cultura)

Anexos
Inclui bibliografia.
ISBN 85-7110-604-5

1. Vida em outros planetas. 2. Astrobiologia. I. Título. II. Série.

CDD 574.999
01-0657 CDU 523.07

SUMÁRIO

LISTA DE ILUSTRAÇÕES

Todas as ilustrações são da autoria de Aílton Gomes Maciel.

Introdução

> — Eu sempre quis ver um marciano — disse Michael. — Onde estão eles, papai? Você prometeu. — Estão aí — disse o pai. Colocou Michael nos ombros e apontou para baixo. Os marcianos estavam ali. Timothy começou a tremer. Os marcianos estavam ali — no canal — refletidos na água. Timothy, Michael, mamãe e papai. Da água ondulante, os marcianos ficaram olhando um tempo enorme para eles.
>
> Ray Bradbury

Numa fria madrugada de abril de 1960, um pequeno grupo de jovens pesquisadores dedicava-se à preparação de um experimento inédito. Trabalhando no recém-estabelecido Observatório Nacional de Radioastronomia, localizado em Green Bank, no interior da Virgínia Ocidental (EUA), sua missão seria considerada uma heresia por muitos astrônomos daquela época: a busca de civilizações extraterrestres por sinais de rádio.

Iniciava-se, aí, a SETI (Search for Extraterrestrial Intelligence ou Pesquisa de Inteligência Extraterrestre). O astrônomo norte-americano Frank Drake, líder da equipe do Projeto Ozma, ainda hoje uma referência fundamental na pesquisa, relembra: "era o primeiro dia do experimento. Estávamos trabalhando desde as seis da manhã em outra estrela, e nada ouvimos além de ruído. A primeira estrela [observada] foi Tau Ceti. Quando acabamos a pesquisa com Tau Ceti, nos movemos para Epsilon Eridani ... e o que ouvimos foram pulsos de ruído ... oito por segundo ... um pensamento súbito — Seria tão fácil [a detecção de uma inteligência extraterrestre]?"

Duas semanas mais tarde, concluiu-se que o sinal tinha sido provavelmente originado por uma aeronave militar em testes na área do observatório. A primeira SETI foi concomitante ao primeiro falso alarme. A precaução foi a lição a ser extraída da pesquisa.

As observações efetuadas em Green Bank, no Projeto Ozma, representaram não apenas um marco histórico, mas, também, metodológico. Dali em diante, a maior parte das pesquisas SETI seguiu os padrões deste experimento, buscando detectar emissões de rádio com padrões artificiais ao redor do comprimento de onda de 21cm. No ano anterior a Ozma, os físicos Giuseppe Cocconi e Philip Morrison publicaram na revista *Nature* artigo sobre as possibilidades de comunicação por rádio com civilizações extraterrestres. Uma das primeiras análises científicas do assunto, sugeria um programa observacional acessível e executável de imediato.

Os olhos e ouvidos dos pesquisadores seriam, a partir daquele momento, os radiotelescópios. Através deles, os céus dos hemisférios norte e sul seriam esquadrinhados dia após dia, noite após noite, em busca do tão esperado chamado cósmico.

O objetivo da SETI é a detecção de sinais de rádio de origem inteligente. Em vez de mandarmos naves para outros planetas, é bem mais econômico enviarmos ondas eletromagnéticas, que propagam-se na maior velocidade permitida no universo — a velocidade da luz —, cerca de 300.000 quilômetros por segundo. Com a utilização do rádio, é possível enviar uma grande quantidade de informações codificadas. Imaginamos que uma civilização que atinja um nível tecnológico assemelhado ao nosso alcance, também, a capacidade de construção de radiotelescópios e tenha interesse em contactar outras inteligências.

A exobiologia — o estudo das possibilidades de vida extraterrestre, solar ou extra-solar, inteligente ou não — ganhou cidadania científica a partir da SETI, difundindo-se internacionalmente entre os mais diversos institutos de pesquisa.

É bastante problemático, no entanto, conceber que um cientista extraterrestre vá transformar a série de impulsos binários emitidos pelos radiotelescópios no padrão imaginado pelos astrônomos terrestres. Para estabelecer um contato inteligível, partimos da premissa de que o conhecimento científico seja universal.

Procuramos formas de inteligência que compreendam os nossos conceitos, o que talvez não suceda com facilidade. A exobiologia, enquanto não se defrontar com uma forma de vida extraterrestre, permanecerá um campo polêmico.

PLURALISTAS E SINGULARISTAS

Para melhor compreender os debates e as pesquisas que vêm acontecendo nesta área, os cientistas podem ser divididos em dois grandes grupos: os "singularistas" e os "pluralistas".

Os "singularistas" são cientistas que sustentam a singularidade humana no universo próximo, ou seja, que representamos a única manifestação de vida inteligente tecnológica atualmente existente na nossa Galáxia.

Os "pluralistas", ao contrário, defendem a multiplicidade de mundos habitados por seres inteligentes. Conseqüentemente, seriam inúmeras as sociedades técnicas comunicativas, evoluídas em planetas pertencentes a estrelas semelhantes ao Sol. Detentoras de radiotecnologia, tais ETs (Extraterrestrial Intelligence ou Inteligência Extraterrestre) enviariam continuamente ao espaço mensagens codificadas, em busca de contato com outras civilizações. Trata-se de buscar sociedades que tanto desenvolveram um equipamento específico quanto o objetivo de estabelecer comunicação interestelar, o que acaba por restringir a variedade dos hipotéticos ETs.

Nas duas categorias, as posições defendidas apresentam variações quanto à natureza dos argumentos, intensidade do posicionamento e confiabilidade dos julgamentos e previsões propostos. Tal classificação tem sua utilidade apenas na medida em que permite visualizar, de modo sintético, a natureza e evolução dos debates relacionados à exobiologia.

O PRINCÍPIO COPERNICANO

A exploração das possibilidades de existência de outros mundos habitados sustenta-se em suposições gerais, como o chamado "princípio copernicano".

Extensão da cosmologia heliocêntrica retomada por Copérnico no século XVI, com este postulado expressa-se a idéia de que fenômenos e características locais seriam representativos de uma "média" cósmica. Nos anos 1960, o astrônomo norte-americano Harlow Shapley expôs claramente tal conceito, escrevendo:

> nosso planeta é pequeno. Ele circula uma estrela comum e amarelada de meia idade. Esta estrela (o Sol) está localizada na tenuemente povoada estrutura externa de uma grande galáxia que contém ao redor de 100 bilhões de outras estrelas, das quais alguns bilhões devem ser essencialmente idênticas ao Sol. Que o nosso planeta seja o único lugar onde a vida emergiu seria uma suposição ridícula. Aqueles que conhecem o vasto número de estrelas, os caminhos naturais do surgimento dos planetas e o aparentemente automático modo com que a vida emerge quando as condições são adequadas — não mais hesitariam em acreditar que a vida é um fenômeno de extensão cósmica.

O princípio copernicano é fundamental para justificar todo o esforço que vem sendo empreendido na exobiologia e na SETI. Se, por exemplo, admitirmos que as formas de vida extraterrestres não estão fundamentadas na química do carbono, é possível que suas reações químicas não sejam detectadas por um equipamento de uma sonda interplanetária, ou não sejam interpretadas como tal. Da mesma forma, levando este princípio aos seus extremos, profundas diferenças de natureza intelectual com hipotéticos ETs poderiam conduzir a situações de impossibilidade de comunicação, mesmo que realizadas através de meios técnicos compatíveis.

Tomando a história da ciência moderna como exemplificadora da queda do antropocentrismo, justificar-se-ia assumirmos, com o radioastrônomo alemão Sebastian Von Hoerner, que "algo aparentemente único e peculiar a nós é realmente um dentre muitos e é provavelmente típico". Nosso planeta e civilização representariam "médias" de uma distribuição na Galáxia, e a vida, inteligência e tecnologia acabariam por se desenvolver havendo tempo e condições propícias.

O aparente bom senso do argumento esconde uma combinação de fatos e teorias científicas com argumentos metafísicos. O prolongamento "cosmológico" do copernicanismo é tomado como base de uma lógica peculiar ao pluralismo, ao apontar como "ridícula" a singularidade humana e terrestre no universo. A utilização descuidada dos grandes números — os bilhões de estrelas — combina-se a um apelo emocional à multiplicidade da vida cósmica. A analogia é aplicada em seus limites, pois a mera existência de planetas extra-solares não implica, necessariamente, o desenvolvimento de vida e inteligência.

Joachim Illies, biólogo alemão, num programa de rádio do final dos anos 1960, tocava nesse ponto sensível do pluralismo, lembrando que "atualmente, cada um de nós é um novo Galileu, e, depois de tudo quanto a ciência nos ensinou, não conseguiríamos suportar que alguém tentasse convencer-nos de que a Terra é o centro do Universo".

O PARADOXO DE FERMI

Uma das mais intrigantes questões geradas pelo pensamento pluralista foi sinteticamente exposta pelo físico ítalo-americano Enrico Fermi, durante uma reunião no Laboratório de Los Alamos, sede do Projeto Manhattan. Considerando-se o longo tempo de existência de nossa Galáxia e a idéia de que civilizações tecnológicas devem existir em número apreciável em todo o universo, Fermi, um dos criadores da bomba atômica, perguntou-se: "Onde Eles Estão?". O chamado "Paradoxo de Fermi" gerou um variado leque de respostas, que vão do singularismo à hipótese zôo.

Apesar das quatro décadas de pesquisa, os resultados negativos da SETI são, para muitos exobiólogos, justificados em razão do diminuto tempo de pesquisa por parte dos observatórios. Nas palavras de Thomas McDonough, professor do Cal Tech, escritor de ficção científica e coordenador de um programa SETI na Planetary Society, a "SETI precisa procurar por uma freqüência desconhecida ... por um sinal de direção desconhecida ... e potência desconhecida".

Já se calculou que, mesmo que cada planeta habitável da Galáxia possuísse uma supercivilização, com 50 civilizações num raio de 100al (ano-luz), decorreriam quase dois milênios antes que o primeiro contato fosse estabelecido. *Ausência de evidência* não significaria *evidência de ausência*.

OS INVASORES

O difuso, embora persistente, interesse popular pela possibilidade de existência de nosso (duplo) cósmico foi claro no século XX. Um exemplo disso foi dado pela célebre "notícia" radiofônica acerca de uma invasão marciana, por Orson Welles. Em 30 de outubro de 1938, Welles e sua equipe da CBS dramatizaram num programa de rádio o livro de Herbert George Wells, *A guerra dos mundos*, causando uma onda de pânico que atingiu várias cidades dos Estados Unidos (ver FIGURA 1). Na União Soviética aconteceu um episódio similar, em meados dos anos 50, induzido pelo anúncio de uma invasão vinda do Planeta Vermelho.

1. Os marcianos atacam a Terra em *A guerra dos mundos*.

A ficção científica vem fornecendo, com certa constância, elementos especulativos aos raciocínios dos exobiólogos. Não há sequer necessidade de buscar indicações sutis desse fato, pois é assumido pelos próprios pesquisadores da área. Essa influência, ao contrário do que poderia parecer a um cientista mais conservador, não altera o status epistemológico da exobiologia, pois a origem de uma proposição nada diz acerca de seu valor intrínseco. A interdisciplinaridade e a não-ortodoxia singularizam a exobiologia, remetendo-a ao fórum das discussões sobre sua procedência e legitimidade como ciência. É claro que, na medida em que a exobiologia se propuser como ciência — como querem os pluralistas —, deverá transpor a ficção, organizando-se segundo orientações próprias de pesquisa.

Breve histórico

Fenômeno reproduzido em outras ciências, a linhagem histórica da astronomia contemporânea encontra na Grécia seus mais antigos representantes. Não é por casualidade que, ainda agora, os céus do hemisfério norte representam episódios da mitologia grega, lembrando-nos as raízes milenares das constelações. Os helenos realizaram as primeiras tentativas sistemáticas de classificação e mensuração do universo. A mais impressionante demonstração da conjugação da geometria com observações relativamente simples expressa-se na determinação, com razoável precisão, do diâmetro da Terra, realizada por Eratóstenes, em 240 a.C.

O estabelecimento de procedimentos metódicos para a atividade astronômica, desvinculado das predições astrológicas, assinala a emergência de um *modus operandi* que irá delimitar sua natureza científica. Hiparco, por volta de 140 a.C., compilou um catálogo estelar, estipulando um guia para a orientação celestial. Expressão máxima desta fase da história da astronomia, a obra *O Almagesto* (150 d.C.), de Cláudio Ptolomeu, sistematizou o conhecimento astronômico acumulado até então, consolidando a concepção geocêntrica de mundo. Apesar disso, Aristarco, que já havia calculado as distâncias entre Sol, Terra e Lua, sugeria o heliocentrismo — o Sol como centro do sistema planetário.

As profundas mudanças introduzidas pelo cristianismo tiveram impacto decisivo na evolução da astronomia. A orientação imposta ao tratamento dos estudos da natureza implicou o abandono das observações sistemáticas dos astros, assim como o surgimento e desenvolvimento de novos modelos e teorias. Através dos árabes, a cultura astronômica grega será mantida e ampliada, permitindo sua retomada na Renascença.

Em 1543, ano de sua morte, o cônego polonês Nicolau Copérnico publicou *As revoluções dos orbes celestes*, afirmando o heliocentrismo e operando uma das maiores mudanças na história das concepções sobre o universo.

Com Johannes Kepler, os movimentos dos planetas ao redor do Sol recebem uma ordenação matemática adequada às observações longamente acumuladas. Essas observações tiveram em Tycho Brahe sua maior expressão nesse período, e será devido à sua precisão que Kepler, em 1609, irá elaborar uma nova forma para os movimentos planetários. A elipse desbanca o círculo como maneira adequada de descrever as órbitas e, doravante, pode-se prever com precisão os movimentos desses corpos celestes.

Momento meridiano e quase mítico, na medida em que fundamenta os quatro séculos seguintes da astronomia, a utilização da luneta, por Galileu, rompe antigas idéias e lança esta ciência na modernidade. Com sua luneta, criação holandesa, o cientista italiano descobre as montanhas e crateras lunares, as fases de Vênus, quatro satélites jupiterianos e a natureza estelar da Via Láctea. A observação telescópica irá ampliar, continuamente, os horizontes cosmológicos, devassando a natureza do mundo. As distâncias astronômicas atingirão, nos séculos seguintes, valores incomparáveis às medidas cotidianas. Novos planetas, a forma da Galáxia, as nebulosas extragaláticas: a idéia da ciência como progresso parece encontrar nos últimos séculos da astronomia uma exposição clara de suas teses.

A revolução copernicana e o telescópio galileano introduziram uma radical mudança na orientação das idéias sobre a possibilidade de existência de outros mundos. Enquanto a cosmologia medieval ordenava-se pelo fechamento de suas fronteiras, o universo da moderna astronomia ampliou o espaço físico. As novas concepções defendiam a pluralidade de sistemas solares como premissa da pluralidade de mundos habitados.

Para alguns adeptos atuais da existência de extraterrestres, como James R. Newman, o pluralismo representaria o coroamento da nova astronomia, pois "há uma chance muito boa de que não estejamos sozinhos na Galáxia e que num futuro previsível possa ser encontrada a evidência que completará esta fase final da revolução intelectual copernicana".

A defesa radical do heliocentrismo, combinada à idéia de uma pluralidade de mundos habitados no universo, conduziu o monge dominicano Giordano Bruno à fogueira do Tribunal do Santo Ofício, no ano de 1600. A virada cosmológica do copernicanismo sofreu uma poderosa reação inicial da Igreja católica.

A doutrina da pluralidade dos mundos habitados esteve associada, em diversos momentos, a concepções teológicas. Pierre Borel, no século XVII, defendia essa idéia como a mais adequada à magnitude e extensão da divindade, preservando a ideologia cristã no seio da nova astronomia. A mesma concepção da ilimitada potência e ação divinas — o princípio da plenitude — podia ser aplicada, entretanto, no sentido contrário, preservando a singularidade cósmica do homem.

Em 1686, Bernard de Bovier de Fontenelle publicou *Diálogos sobre a pluralidade dos mundos*. Um autêntico *best-seller* da Ilustração, traduzido nas principais línguas européias, o livro do secretário perpétuo da Academia de Ciências da França popularizou o tema do pluralismo, difundindo a idéia de que as estrelas são outros sóis cercados de planetas habitados. No Prefácio de sua obra, Fontenelle assinala, numa sentença que seria repetida posteriormente inúmeras vezes, que "não estarei gracejando se disser que escolhi, dentre toda a filosofia, a matéria mais capaz de atiçar a curiosidade".

No século seguinte, a idéia da pluralidade dos mundos habitados havia se popularizado em conseqüência de fatores como a difusão do copernicanismo, o crescimento das ciências naturais e a assimilação da religião natural pelos físicos newtonianos.

Voltaire, um dos mais populares escritores iluministas, em seu livro *O filósofo ignorante*, sustenta como plausível, embora além de qualquer evidência observacional, a existência de outros seres, afirmando que "... tenho até mesmo motivos para crer que os planetas que giram em torno de sóis inumeráveis enchendo o espaço estão povoados de seres sensíveis e pensantes, mas uma barreira eterna nos separa, e nenhum dos habitantes dos outros globos se comunica conosco".

Na parte final da obra que lançou sua revolucionária teoria sobre a gênese do sistema solar, *História natural e teoria geral do céu*, de 1755, o filósofo alemão Immanuel Kant formulou uma hipótese sobre as inteligências extraterrestres, cujos elementos centrais demonstram a forma com que tais conceitos eram elaborados naquele período.

A natureza dos seres extraterrenos derivaria, segundo esse livro da juventude de Kant, de fatores astronômicos, como a distância ao Sol — centro de atração, luz e calor — e a composição da matéria — "leve" ou "pesada".

A habitabilidade do universo, por outro lado, também se relaciona a fatores metafísicos. Argumentos teleológicos são aplicados por Kant, pois "... poderiam existir, também, regiões desertas e desabitadas que não fossem utilizadas para a finalidade da natureza, que é a contemplação de seres racionais".

A natureza dos seres inteligentes é deduzida através de uma regra de proporcionalidade, em que entra em jogo a qualidade da matéria de que são compostos os planetas, em função da distância ao Sol. Kant situa a perfeição espiritual nos limites do sistema planetário: "... a qualidade dos seres racionais ... está submetida a certa regra, segundo a qual a maior qualidade e perfeição situa-se na proporção da distância de seus hábitats ao Sol".

Com tal hierarquia, o homem é relegado a uma situação intelectual e moralmente denegrida, devido à sua situação na disposição das órbitas planetárias. Atinge-se, aqui, uma das conseqüências de maior impacto cultural do heliocentrismo: a derrubada do privilégio humano na ordem cósmica. Bertrand Russell, um dos mais destacados pensadores do século XX, comentava ironicamente que esta é uma "opinião elogiável pela sua modéstia terrestre, mas sem apoio em qualquer base científica".

O filósofo escocês David Hume, em seus *Diálogos sobre a religião natural*, publicado em 1779, já se insurgia contra a aplicação descuidada do raciocínio analógico na especulação sobre a natureza intelectual de seres de outros planetas, ponderando: "há algum fundamento razoável para concluir que os habitantes de outros planetas possuem pensamento, inteligência, razão, ou algo similar a estas faculdades humanas? Quando a Natureza demonstra ser tão diversificada neste pequeno globo; podemos imaginar que ela incessantemente copia a si própria através de um universo tão imenso?".

No final do século XVIII, o astrônomo francês Pierre Simon de Laplace imaginava a possibilidade de constituição de outras formas de organização da vida. No quinto volume de *Exposição do sistema do mundo*, de 1796, Laplace esboçou algumas considerações sobre a pluralidade dos mundos habitados.

Laplace considerava "fortemente verossímil" a existência de formas de vida em outros planetas do sistema solar, como Júpiter. Sua variável fundamental é a temperatura dos planetas (ou superfícies planetárias), decorrente de sua distância média ao Sol. O desenvolvimento da vida relaciona-se diretamente à luz e ao calor recebidos, sendo as produções orgânicas diferenciadas em função de tais elementos. Temos, portanto, que "o homem, criado para a temperatura que goza sobre a Terra, não poderia, segundo parece, viver em outros planetas; mas, não haverá neles uma infinidade de organizações relativas às diversas temperaturas dos globos deste universo?".

A concepção pluralista não era cogitada como um campo específico de estudo científico, mas sim como conseqüência de um paradigma astronômico — o heliocentrismo — associado a outras suposições. O historiador norte-americano Steven Dick conclui que "o universo de Wright, Kant e Laplace, herança do universo de Isaac Newton e progenitor do atual, dava suma importância à existência de seres extraterrestres racionais. Neste fato histórico encontra-se o estímulo para a controvérsia que continua desde então, e que permanece não resolvida até hoje". Apesar das múltiplas e complexas mudanças sofridas pela astronomia desde o século XVIII, é dentro de um quadro cada vez mais amplo e vasto que o homem atual é situado. Desse modo, o estímulo distinguido por Dick não arrefeceu, e algumas perspectivas fornecidas pelas ciências naturais contemporâneas têm sido utilizadas pelos pluralistas em seus raciocínios numa peculiar combinação de ciência e filosofia.

O tema da comunicação com outros planetas ganhou, no século XIX, suas primeiras proposições semelhantes àquelas em curso atualmente. Carl Gauss, matemático alemão, sugeriu em 1822 que seria possível enviar sinais luminosos à Lua com um conjunto de cem espelhos. Em 1869, o francês Charles Cros propôs o envio de sinais luminosos a Marte e Vênus. Com uma seqüência regular de flashes seria possível, inclusive, a transmissão de mensagens. Mais de 20 anos depois, é oferecido, na França, um prêmio de cem mil francos à "pessoa de qualquer nação que encontrar, nos próximos 10 anos, os meios de comunicar-se com um astro e receber uma resposta".

O astrônomo francês Camille Flammarion, no século XIX, tornou-se um dos mais populares defensores da vida extraterrestre. Ainda na juventude, publicou *A pluralidade dos mundos habitados*, o que lhe rendeu a expulsão do Observatório de Paris. Embora Flammarion reconheça que "a certeza filosófica da Pluralidade dos Mundos ainda não existe", esta "é uma doutrina ao mesmo tempo científica, filosófica e religiosa da mais alta importância". Assim como Percival Lowell, Flammarion, na França, criou sua própria instituição de pesquisa, o Observatório de Juvisy, onde conduziu diversas investigações astronômicas.

Em 1877, o astrônomo italiano Giovanni Schiaparelli observava, pela primeira vez, um sistema de *canali* (canais) na superfície do planeta Marte. Interpretados como indicadores da presença de canais artificiais, seu relato iniciou, nos próximos anos, aquilo que o historiador norte-americano Michael Crowe apropriadamente denominou de "A batalha do planeta da guerra".

Ao envolver os mais ativos observadores planetários daquela época, a controvérsia sobre a existência de uma complexa rede de canais marcianos foi acirrada pelos artigos e livros publicados pelo diplomata e astrônomo norte-americano Percival Lowell, resultantes de anos de escrutínio astronômico. Segundo Lowell, Marte era um planeta agonizante, habitado por uma civilização à beira da extinção. Assim, Lowell supõe que "a luta pela existência em seu planeta decadente tenderia a desenvolver a inteligência para lidar com circunstâncias cada vez mais adversas". O sistema de canais, uma monumental obra de engenharia, tinha como objetivo trazer a água dos pólos para as regiões centrais do planeta (ver FIGURA 2).

2. Marte recoberto por um sistema de canais, como relatado por astrônomos como Percival Lowell.

Parte significativa da comunidade astronômica divergia de suas observações e conclusões. Para estes, os relatos de Lowell indicavam a persistente ação de fatores subjetivos na percepção de fenômenos e eventos situados nos limites da capacidade de resolução dos telescópios, representando apenas uma ilusão de óptica. A derrocada do lowellianismo e o ataque às cosmogonias nebulares arrefeceram a difusão do pluralismo, o que levou à defesa de opiniões singularistas por muitos cientistas nos anos 1920.

1. SOBRE CHARUTOS E TURBILHÕES

> Seria igualmente absurdo que numa planura sem confins tivesse nascido uma única espiga, e que no infinito espaço se tivesse formado um único mundo.
>
> Metrodoro de Quios

Entre os ramos da astronomia associados aos estudos exobiológicos, um dos mais importantes é aquele relativo às teorias de origem do sistema solar e, por extensão, dos demais sistemas planetários. As concepções que os cientistas vêm desenvolvendo, há alguns séculos, sobre a formação dos planetas podem ser divididas em dois grandes grupos: o monismo e o dualismo.

As hipóteses monistas presumem que o surgimento do sistema planetário ocorreu sem a intervenção de qualquer astro exterior, como uma estrela passageira, tendo se dado apenas a partir de sua própria matéria original. O dualismo, ao contrário, associa a corpos externos ao sistema solar o motor primário do aparecimento dos planetas. Desde os anos 1940, o monismo tornou-se o modelo mais aceito pela comunidade astronômica.

CATASTROFISTAS

A revitalização das teorias dualistas, originalmente proposta pelo naturalista francês Conde de Buffon, em 1745, decorreu da crítica a diversos elementos do conceito monista criado por Kant e Laplace. Segundo ambos, em linhas gerais, o sistema de planetas teria sido formado a partir da contração gravitacional de uma nuvem de matéria no espaço.

Em 1905, o astrônomo norte-americano Forest Moulton expôs a chamada hipótese planetesimal, nome dado por seu conterrâneo Thomas Chamberlin.

Segundo a concepção Moulton-Chamberlin, o sistema planetário teria se formado a partir de uma nebulosa espiral, após o encontro casual, no espaço, de duas estrelas (ver FIGURA 3). A matéria arrancada nesse evento catastrófico teria se dissipado pelo espaço. Pequenos conglomerados de matéria teriam surgido e, com o tempo, foram agregados em unidades maiores, os planetas.

Posteriormente, Sir Harold Jeffreys, geofísico e astrônomo inglês, acrescenta novas considerações ao problema, tendo como base as idéias de Moulton e Chamberlin. Jeffreys compõe uma variante cataclísmica, onde a passagem de uma estrela teria produzido a extração de um filamento (também denominado, jocosamente, de "charuto") de gases, cuja condensação posterior ensejaria o surgimento de um sistema planetário. Nessa "teoria das marés", Jeffreys postula que "é altamente improvável que os planetas tenham sido formados por qualquer processo de evolução gradual, e que, portanto, parece que seu surgimento foi catastrófico".

A conseqüência principal da aceitação das teorias dualistas é a raridade da formação de planetas, pois a aproximação de duas estrelas, em seu movimento ao redor do centro da Galáxia, é um

3. A teoria catastrofista da origem do sistema solar.

fenômeno incomum. A crença em extraterrestres fica, portanto, abalada, pois a vida só pode se desenvolver nas superfícies planetárias. O homem parecia ter retornado aos tempos pré-copernicanos, retomando um lugar peculiar no arranjo do universo.

OS PLANETAS EXTRA-SOLARES

A década de 1940 assistiu ao anúncio do descobrimento de sistemas planetários extra-solares e à reabilitação do monismo. É a partir de tais eventos que o pluralismo é retomado e volta a ser discutido na literatura científica, após o período de apatia dos anos 1920 e 1930.

A notícia, no início dos anos 1940, da descoberta de dois sistemas planetários em estrelas próximas (61 Cygni e 70 Ophiuchi) provocou uma retomada das discussões sobre as implicações cosmogônicas e biológicas dos exoplanetas — planetas situados fora do sistema solar.

Como resultado de observações das perturbações no movimento orbital da estrela 61 Cygni, realizadas no Observatório Sproul, nos Estados Unidos, o astrônomo Kaj Strand concluía, em 1943, que "o companheiro escuro deve ter uma luminosidade tão baixa que deve ser considerado um planeta em vez de uma estrela. Assim, um movimento planetário foi encontrado fora do sistema solar". Apesar de descrito tão singelamente, a descoberta do primeiro exoplaneta vinha confirmar, via método científico, séculos de especulações sobre a existência de outras Terras, além dos limites do cortejo solar.

Após examinarem o material fotográfico obtido em três décadas de observação de 70 Ophiuchi, os astrônomos Reuyl e Homberg detectaram perturbações periódicas no movimento desse astro, devidas a um terceiro corpo, um "companheiro invisível" cuja massa estaria ao redor de um centésimo da massa solar. Tal massa seria, inclusive, inferior à do planeta anunciado por Strand.

O escritor inglês Arthur Clarke, numa apresentação na Sociedade Interplanetária Britânica — no ano seguinte à publicação de sua concepção revolucionária sobre os satélites geoestacionários

—, exaltava esses sucessos da astronomia, pois "a primeira descoberta de planetas girando ao redor de outros sóis ... mudou todas as idéias sobre a pluralidade dos mundos".

Entre os problemas a serem inicialmente confrontados pelos astrônomos envolvidos com essa pesquisa estava precisamente o da delimitação entre estrelas e planetas. As polêmicas persistem até a atualidade. Peter Van de Kamp, um dos mais ativos caçadores de planetas extra-solares daquela época, sugeria a adoção de um critério de massa como indicador do limite entre estrelas e planetas, assumindo o valor de 1/20 da massa solar.

A avaliação de que de 30 a 50% das estrelas da Galáxia são constituídas de sistemas múltiplos (duplos, triplos etc.) insinuava a possibilidade de que o restante, na hipótese de igualdade nos processos formativos, fosse constituído de estrelas solitárias acompanhadas de planetas. Os trabalhos de Van de Kamp sobre a detecção indireta de um companheiro invisível próximo à estrela de Barnard capitanearam a atenção dos cientistas nesse período. Para os astrônomos Iosif Shklovskii e Carl Sagan, "este ainda inominado mundo é o primeiro planeta a ser descoberto desde que o astrônomo americano Clyde Tombaugh encontrou Plutão em 1930". A alegação da natureza planetária do objeto detectado em Barnard significou, para os pluralistas, uma concretização imediata da idéia de que o Sol não seria a única estrela com tais acompanhantes. O princípio copernicano encontrou uma confirmação experimental de uma de suas conseqüências.

Em 1963, o astrônomo holandês concluía, após um longo trabalho observacional, que "as únicas outras descobertas de planetas exteriores ao sistema solar foram realizadas no Observatório de Sproul pelo mesmo método. Um componente invisível de 61 Cygni foi reconhecido por K.A. Strand em 1943 e aquele de Ladande 21185 por Lippincot em 1960 ... Em muitos aspectos, o sistema de Barnard apresenta forte analogia com Júpiter e o Sol."

Para decepção dos pluralistas, em 1973, J. Hershey, do mesmo Observatório de Sproul, relatou que o suposto movimento da estrela de Barnard derivava de um problema com o próprio telescópio, pois tanto Barnard quanto outras estrelas apresentavam o mesmo padrão dinâmico. Os astrônomos G. Gatewood e R. Harrington chegaram a conclusões semelhantes. A anormalidade suposta por Van de Kamp parece ter sido apenas um engano, encerrando melancolicamente a carreira do, agora fantasmático, planeta de Barnard.

No início dos anos 1980, uma década antes da grande leva de descobertas de planetas extra-solares, Steven Dick comentava que

> teorias da origem do sistema solar — indo além da mera analogia de que as estrelas são semelhantes ao Sol — geraram uma procura por outros sistemas solares. Tão grandes eram as dificuldades dessa pesquisa que observações sérias não foram feitas até a primeira metade do século XX, com resultados que desde então foram ambíguos, controversos e conformados por diferentes interpretações.

OS VÓRTICES

Na mesma década em que os exoplanetas começaram a maravilhar os cientistas, o catastrofismo recebeu seus golpes finais, abalado, já há algum tempo, por cálculos que demonstravam que a matéria arrancada no encontro estelar não se arranjaria na forma de planetas.

Em 1943, o astrônomo alemão C.F. von Weiszacker propôs a hipótese dos turbilhões, segundo a qual o sistema solar teria surgido através da formação de vórtices numa nuvem primeva de gases e poeira. Ao redor do Sol, anéis de matéria em movimento seriam formados, os quais, com o tempo, dariam origem a corpos planetários (ver FIGURA 4).

O modelo nebular gerou outras alternativas, como a da nuvem de poeira. Segundo essa teoria, defendida por astrônomos como Fred Whipple, os planetas formaram-se da reunião de partículas microscópicas dispersas pelo meio interestelar. De acordo com outro esquema explicativo, Harold Urey, químico norte-americano que recebeu o Prêmio Nobel de 1934, sugeria que "a nebulosa solar consistia em um disco de gás e objetos sólidos, com a dissipação de gases e de parte do material sólido ocorrendo a partir desse disco". Em sua teoria, objetos com a dimensão da Lua formaram-se a partir da nebulosa primitiva, chocando-se e reagregando-se até o aparecimento dos planetas.

4. A formação dos anéis protoplanetários
a partir da nebulosa primitiva.

O cientista soviético Otto Schmidt, nessa mesma época, admitia que "o sistema solar foi constituído tendo por ponto de partida uma nuvem de gás e poeira ... essa nebulosa primitiva ... resultava da captura pelo Sol de parte de uma dessas nuvens cósmicas de gás e poeira tão numerosas em nossa Galáxia". Schmidt infere que "a formação de planetas é um processo universal revestido de maior ou menor intensidade nas diversas galáxias, o que faz com que o número de planetas seja infinito no universo". Esta, aliás, era a posição majoritária dos astrônomos soviéticos, pois os sistemas planetários e as formas de vida seriam estágios naturais na evolução da matéria.

Teologia e pluralismo

A discussão das conseqüências teológicas do pluralismo, embora pouco avançada no século XX, teve no erudito inglês C.S. Lewis uma de suas melhores expressões. Crítico literário e escritor de ficção científica, Lewis, em obras como *Out of the Silent Planet* e contos como *Ministering Angels*, buscou a conciliação do cristianismo com a vida extraterrestre. Os cinéfilos podem apreciar um episódio da vida do escritor em *Terra das sombras*, de Richard Attenborough.

Em 1931, o bispo de Birmingham, E. Barnes, publicou uma nota na prestigiosa revista científica britânica *Nature*, em que concluía, ao referir-se ao catastrofismo, que, se "a teoria é verdadeira, os sistemas planetários devem ser raros e, portanto, a consciência, como o homem a conhece e possui, é rara ... Somos, então, aparentemente forçados a concluir que o universo não foi criado com o objetivo primordial de produzir seres nos quais a mente conduziria à excelência espiritual". A rejeição da hipótese dualista, em Barnes, prende-se às suas, supostas, decorrências teológicas. Uma das motivações ideológicas da reabilitação da teoria nebular, para aqueles interessados na vida extraterrestre, foi a possibilidade de defender a idéia da multiplicidade de sistemas planetários, fortemente abalada pelo dualismo. Barnes sustentava-se na incompatibilidade de suas crenças religiosas com as derivações filosóficas do catastrofismo, pois "se for comprovado que a consciência é um acidente singular em um vasto, e também sem objetivo, universo, a crença em Deus seria obscurecida por uma nova perplexidade".

O cristianismo sempre teve um relacionamento ambíguo com a noção de extraterrestres, oscilando de sua rejeição completa à aceitação entusiástica. O nó a ser desatado pelos exegetas da Bíblia pode ser resumido em poucas palavras: a salvação, com Cristo, seria extensível aos extraterrestres, ou estariam eles condenados à danação eterna?

2. Lançando-se no espaço

> Mas assim que alguém ensinar a arte de voar, não faltarão colonos entre a nossa espécie humana. Quem antes acreditaria que a navegação no ilimitado Oceano seria mais tranqüila que no estreitíssimo Golfo Adriático, no Mar Báltico ou na Mancha? Se forem dadas as naves e adaptadas as velas ao vento celeste, haverá gente que não sentirá medo de enfrentar aquela imensidão.
>
> Johannes Kepler

Um dos mais arraigados hábitos dos historiadores é o de denominar determinados períodos segundo seus eventos mais importantes. A Era das Grandes Navegações, que iniciou um autêntico processo de planetarização há mais de cinco séculos, deu fisionomia própria ao mundo moderno. Não seria exagero, portanto, chamar a segunda metade do século XX de Era Espacial. Assim como nas Navegações, a exploração espacial, em menos de 50 anos, alterou a percepção tanto do Universo quanto de nosso próprio planeta.

Se a exobiologia ocupa-se da vida exterior à Terra, a astronáutica aparece como a possibilidade de concretização deste ideal espacial. Os sucessivos êxitos experimentais nos projetos de veículos espaciais alimentaram as especulações exobiológicas com o combustível do vôo interplanetário.

As esperanças dos exobiólogos traduziam-se sob a forma do contato direto de uma espaçonave terrestre com seres alienígenas, nas superfícies planetárias do sistema solar. A busca da vida extraterrestre era mesmo apresentada como uma justificativa da exploração espacial. Arthur Clarke, numa de suas obras de divulgação científica, afirmava que "a longo prazo, a perspectiva de encontrar outras formas de inteligência é, talvez, a mais excitante de todas as possibilidades descortinadas pela astronáutica".

ALÉM DA ATMOSFERA

As bases do vôo espacial foram lançadas, na Rússia czarista, por Konstantin Eduardovich Tsiolkovsky. A idéia da utilização de combustível líquido como propelente dos foguetes e o desenvolvimento dos primeiros cálculos relativos às viagens interplanetárias foram contribuições fundamentais desse mestre-escola surdo.

Seus trabalhos começaram a ser publicados a partir do final do século XIX, embora o pleno reconhecimento público de sua contribuição só tenha ocorrido muitos anos depois, no regime soviético.

Nos Estados Unidos, Robert Hutchings Goddard, combinando a atividade teórica com a prática, conduziu uma série de experimentos sobre combustão e propulsão de foguetes. Em março de 1926, lançou o primeiro projétil movido a combustível líquido, evento que deu novos rumos à astronáutica. Goddard já havia sugerido, em 1919, num trabalho intitulado *Um método para atingir altitudes elevadas*, a possibilidade de utilizar os foguetes para o estudo das camadas superiores da atmosfera.

No final da década de 1920, Esnault-Pelterie apresentava, em Paris, os fundamentos da astronavegação em seu trabalho *A exploração da alta atmosfera por foguetes*, considerando a possibilidade das viagens interplanetárias. O romeno Hermann Oberth, outro pioneiro da exploração espacial, analisava quantitativamente os problemas do vôo espacial, publicando, em 1923, *O foguete no espaço interplanetário*.

Na União Soviética, em 1929, surge o Gruppa Isutcheniya Reaktivnovo Dvisheniya, ou Grupo de Investigação dos Movimentos à Reação, ao passo que em 1930 e 1933 fundam-se, respectivamente, a Sociedade Interplanetária Americana e a Sociedade Interplanetária Britânica.

O grupo VfR (Verien fur Raumschiffahrt, ou Associação para Viagens Espaciais) foi criado na Alemanha em 1927. A Associação para Viagens Espaciais — assim como suas congêneres no restante da Europa e América — seria a incubadora dos cientistas e tecnólogos que deram à Alemanha a liderança inicial nas investigações sobre os foguetes. Em 1932, a maior parte dos membros da VfR passou a trabalhar para o Exército alemão, e, a partir de 1936, estes foram deslocados para a base secreta de Peenemunde, no Mar Báltico. Uma de suas figuras de proa foi Werner Von Braun. Primeiro diretor do Marshall Space Flight Center, localizado em Huntsville, Von Braun destacou-se como um dos arquitetos do programa espacial norte-americano. Criador da série de foguetes Saturno (I, IB e V), o maior sucesso de sua equipe de cientistas, engenheiros e técnicos alemães, trabalhando nos Estados Unidos após 1945, foi o primeiro pouso tripulado na superfície lunar, em 20 de julho de 1969.

A grande realização da equipe de Peenemunde foi a construção do A-4, mais conhecido como V-2, um engenho de 14 metros de comprimento e capaz de atingir 150 quilômetros de altura, predecessor das famílias de foguetes de múltiplos estágios.

Iniciando-se com os trabalhos pioneiros de cientistas alemães, russos e norte-americanos, o desenvolvimento da astronáutica acelerou-se após o término da II Guerra Mundial. Os Estados Unidos e a União Soviética lançaram-se rapidamente à consecução de projetos que geraram lançadores cada vez mais poderosos. Durante a Guerra Fria, os interesses bélicos das superpotências levaram ao aperfeiçoamento de veículos de longo alcance, condutores de artefatos nucleares, conhecidos como ICBM (InterContinental Ballistic Missile ou Míssil Balístico InterContinental).

SATÉLITES ARTIFICIAIS

Em 5 de outubro de 1957, o jornal *Pravda* anunciava, em Moscou: "Como resultado de um intenso trabalho das instituições científicas e dos escritórios de projetos, foi criado o primeiro satélite artificial do mundo. Em 4 de outubro de 1957, o primeiro satélite foi lançado com sucesso pela URSS." A pequena esfera de alumínio soviética transmitiu sinais de rádio durante três semanas, acabando por reentrar na atmosfera após completar 1.400 revoluções ao redor da Terra.

O vôo pioneiro do Sputnik 1 gerou uma imediata reação norte-americana, culminando com a criação, em 1958, de sua agência espacial, a NASA (National Aeronautics and Space Administration ou Administração Nacional de Aeronáutica e Espaço). A opinião pública do "mundo livre" havia sido apanhada de surpresa pelo sucesso da "ciência comunista". O perigo vermelho pairava sobre as cabeças democráticas... Apesar dos intensos esforços norte-americanos, os soviéticos lideraram os anos iniciais da exploração espacial, tanto tripulada quanto automática.

Um mês após o êxito do Sputnik 1, é lançado do Cosmódromo de Baikonur o primeiro satélite biológico, o Sputnik 2, com a cadela Laika a bordo, precursora das missões de experimentação espacial com seres vivos. Demonstrava-se, com Laika, que seres vivos altamente complexos, como uma cadelinha, poderiam sobreviver ao, ainda, misterioso ambiente espacial. Se desprotegida no espaço exterior, Laika morreria em alguns instantes. Em razão do vácuo, a pressão interna do corpo provocaria inchaço generalizado e rompimento dos tecidos, ao passo que a ausência de oxigênio levaria à inconsciência em segundos. Além disso, as variações de temperatura devidas à exposição ao Sol ou à escuridão total, a imponderabilidade, a radiação, as partículas altamente energéticas e o impacto de micrometeoritos são outros fatores que tornam a exposição direta ao espaço uma experiência letal.

Após o lançamento do primeiro satélite norte-americano, o Explorer 1, em 1958, a atividade espacial espraiou-se por diversos terrenos, envolvendo não apenas a construção de artefatos militares como também a utilização científica e comercial de satélites, para telecomunicações, sensoriamento remoto, navegação etc. Atualmente, tão grande é a nossa dependência da tecnologia espacial e de seus subprodutos que nosso cotidiano seria profundamente alterado se abandonássemos o uso de satélites e foguetes.

SIB E ASTROBIOLOGIA

O Brasil também tomou parte no movimento internacional de criação de "sociedades interplanetárias". Em São Paulo, em 1953, é fundada a SIB — Sociedade Interplanetária Brasileira —, tendo Flávio A. Pereira como presidente do Conselho Científico. Coube a Pereira, em 1958, a primazia nacional na publicação de um livro sobre "astrobiologia", resultado da adaptação e ampliação de artigos publicados, no ano anterior, no jornal *O Estado de S. Paulo*.

A origem do programa espacial brasileiro esteve ligada a tal associação. Foi seu presidente honorário Luiz de Gonzaga Bevilacqua, juntamente com o engenheiro Thomas Pedro Bun, que sugeriu ao presidente Jânio Quadros, em 1961, a criação de uma instituição nacional voltada à atividade espacial, o que conduziu ao estabelecimento do GOCNAE (Grupo de Organização da Comissão Nacional de Atividades Espaciais), embrião do INPE (Instituto Nacional de Pesquisas Espaciais).

Na produção nacional voltada ao tema da vida extraterrestre, foram as observações de Marte que impulsionaram as especulações. O livro de Pereira surgiu a partir de um curso ministrado na SIB, em 1956, sobre a habitabilidade de Marte. Jean Nicolini, astrônomo amador paulista que trabalhou no Observatório do Capricórnio, em Campinas, lançou, em 1962, *Marte: o planeta do mistério*, onde discute a história das polêmicas sobre esse corpo celeste. Ele mesmo um "areógrafo" — o equivalente, para Marte, do geógrafo —, posicionava-se favoravelmente à existência de vida marciana, assim como Pereira, em 1958, e Rômulo Argentiére, em 1959.

NAVES E EXTRATERRESTRES

As conferências realizadas na Sociedade Interplanetária Britânica refletiam algumas das preocupações dos cientistas e técnicos da área espacial. Embora o primeiro artefato humano só tenha sido satelitizado em 1957, já eram bastante evidentes as inúmeras possibilidades de aplicação dos veículos espaciais, orbitais e suborbitais.

A realização da viagem interplanetária, robótica ou tripulada, acarretava cuidados tipicamente biológicos, como o problema da contaminação, tanto do planeta pesquisado por uma nave terrestre quanto em virtude do retorno de organismos extraterrestres ao nosso ambiente. Já em 1950, advertia-se que "é simplesmente inútil equipar uma expedição, de outra forma perfeita, apenas para que ela seja destruída ou incapacitada por uma nova e desconhecida infecção".

Em abril de 1958, o Conselho Internacional das Uniões Científicas estabeleceu um Comitê de Contaminação pela Exploração Extraterrestre, com a meta de analisar "se a contaminação de objetos extraterrestres por veículos espaciais representa um problema real".

Apesar de tal evento nunca ter ocorrido com as tripulações e naves vindas do espaço, os procedimentos de quarentena e descontaminação têm sido seguidos em diversas missões, como na série Apollo. A literatura de ficção científica tem sido pródiga nas representações de contaminação originária do espaço exterior, como em *O enigma de Andrômeda*, de Michael Crichton. Os microorganismos infectantes haviam iniciado sua carreira literária no século XIX, como protagonistas da salvação da Terra em *A guerra dos mundos*.

Os progressos teóricos e experimentais verificados na astronáutica contribuíram para alimentar indagações sobre as possibilidades de expansão interplanetária de espécies tecnológicas e, conseqüentemente, da ocorrência de contatos diretos e indiretos entre diferentes formas de vida e inteligência. Antes mesmo da colocação em órbita do primeiro satélite artificial terrestre, os estudos astronáuticos permitiam situar a perspectiva exobiológica num contexto próximo à sua concretização, através do envio futuro de espaçonaves automáticas ou tripuladas aos planetas do sistema solar.

3. A SOPA QUENTE

> Ora, enquanto nosso planeta, obedecendo à lei fixa da gravitação, continua a girar na sua órbita, uma quantidade infinita de belas e admiráveis formas, saídas de um começo tão simples, não tem cessado de se desenvolver e se desenvolve ainda!
>
> Charles Darwin

A ORIGEM DA VIDA

A análise propriamente científica da origem da vida só se tornou possível a partir da perspectiva descortinada pela teoria darwinista da evolução, intensificando-se os trabalhos a partir das primeiras décadas do século XX. Ao mesmo tempo, as diversas hipóteses elaboradas contemplavam especulações extraterrestres. Afinal, se decifrada a gênese material da vida, seria plausível extrapolar tais conclusões para outros ambientes planetários.

Em 1924, na recém-criada União Soviética, foi publicada uma pequena obra que forneceria as linhas-mestras, por muitas décadas, da abordagem científica da origem da vida. Seu autor, o bioquímico Alexandr Oparin, acabaria por editar uma versão ampliada dessa obra, *A origem da vida na Terra*, que conheceu uma longa carreira como livro-texto sobre o assunto.

Oparin, em sua filosofia puramente materialista, afirma que "a vida aparece como uma forma muito complicada e particular de movimento da matéria, emergindo como uma nova propriedade de um estágio do desenvolvimento geral da matéria". Estas palavras ecoam as elucubrações de Friedrich Engels — o sempre presente companheiro intelectual de Karl Marx — que, em *Dialé-*

tica da Natureza, já havia esboçado uma definição dialética e materialista da natureza da vida. A principal contribuição de Oparin foi a colocação do mítico tema da origem da vida numa abordagem experimental.

J.B.S. Haldane, em 1929, e independentemente de Oparin, traçou considerações semelhantes, propondo que "os primeiros seres vivos, ou quase vivos, foram provavelmente grandes moléculas sintetizadas sob a influência da radiação do Sol". Mesmo reconhecendo o caráter preliminar de sua hipótese, Haldane adverte que "tal especulação não é inútil, pois é suscetível de comprovação ou refutação experimental".

As idéias de Oparin e Haldane constituíram a base dos estudos sobre a origem da vida durante muitas décadas, na forma da chamada "teoria da sopa pré-biótica". Segundo o modelo da "sopa", a composição atmosférica da Terra primitiva era distinta da atual, possuindo, basicamente, vapor d'água, hidrogênio, metano e amônia. Energizados pela radiação ultravioleta — dada a inexistência da camada protetora de ozônio na Terra primordial — e descargas elétricas, os elementos químicos disponíveis agregaram-se na forma de compostos orgânicos. Formou-se, gradualmente, nos oceanos primitivos, uma "sopa" composta por moléculas constituintes dos blocos básicos da vida. Nas palavras de Haldane, "antes da origem da vida, estas [as substâncias orgânicas] devem ter se acumulado até que os oceanos primitivos alcançaram a consistência de uma *sopa quente diluída*" [grifo nosso].

As primitivas substâncias orgânicas estariam reunidas em aglomerados, os coacervados oparinianos, antecessores das modernas células (ver FIGURA 5). No intervalo de alguns milhões de anos, seriam constituídos os primeiros seres vivos, que passaram a reproduzir-se e, a partir daí, a iniciar um processo de evolução por seleção natural. Quase três décadas se passaram até que o modelo Oparin-Haldane transitasse efetivamente para os laboratórios, buscando, se não a recriação da vida, ao menos a simulação de uma de suas etapas.

Charles Darwin, em carta enviada a seu amigo Joseph Hooker, em 1871, delineou um quadro para o surgimento da vida a partir de seus compostos básicos, ao escrever:

5. Os coacervados oparinianos — germes da vida terrestre.

> Muitas vezes se tem dito que todas as condições para a produção primeira de um organismo vivo estão hoje presentes, como sempre podiam ter estado presentes. Mas se (e oh! que grande se!) pudéssemos conceber a presença, em um pequeno tanque morno, de todo tipo de fosfatos e amônia, luz, calor, eletricidade, &c., e que aí se formasse um composto de proteína, passando rapidamente por mudanças ainda mais complexas, tal substância seria hoje instantaneamente devorada e absorvida, o que não teria acontecido antes de se terem formado as criaturas vivas.

O criador da teoria da evolução por seleção natural não resistiu à tentação de idealizar, em termos estritamente materiais, o surgimento da vida.

John Desmond Bernal, físico e historiador da ciência, foi mais um militante marxista que se interessou pelas pesquisas sobre a origem da vida. Bernal afirmava que "qualquer planeta com uma temperatura média de 0 a 33° C deverá ter vida" e que "a biologia do futuro não deveria estar confinada ao nosso próprio planeta, mas sim assumir a característica de cosmobiologia". Sua conclusão poderia servir de mote a qualquer ensaio exobiológico contemporâneo: "a história e a origem da vida também são escritas nos céus".

Tomar como assegurado o surgimento da vida em planetas assemelhados a Terra significa compartilhar de uma visão não apenas estritamente determinista, mas também mecanicista, segundo a qual esta sempre se manifesta dadas as condições apropriadas. Entretanto, talvez a vida tenha surgido como um evento casual único, resultado do encadeamento de inumeráveis fatores, o que tornaria sua replicação em outros mundos pouco provável.

Na medida em que ainda não ocorreu a reprodução laboratorial do surgimento da vida e que não foi detectada, de forma indiscutível, qualquer forma de vida extraterrestre, a questão exposta por Bernal continua em aberto. Para o físico norte-americano Frank Tipler, o singularismo apóia-se no "número de complexas e improváveis condições absolutamente essenciais para o desenvolvimento de formas superiores de vida orgânica". Melvin Calvin, Prêmio Nobel de Química de 1961, pela via contrária, sustenta que "a seleção entre eventos randômicos de uma seqüência particular é algo altamente improvável e requereu bilhões de anos para acontecer". Como os bilhões de anos supostos por Calvin efetivamente estiveram disponíveis para a evolução, o surgimento de formas complexas poderia ser explicado.

Em 1953, o químico norte-americano Stanley Miller, então aluno de Harold Urey, realizou um experimento de reprodução das condições que supostamente existiriam no primitivo ambiente terrestre, em consonância com o modelo de Oparin. Em seu antológico artigo "Uma produção de aminoácidos sob possíveis condições da Terra primitiva", Miller relata que "para testar esta hipótese, construiu-se um aparato para circular CH_4, NH_3, H_2O e H_2 através de uma descarga elétrica". O resultado da experiência foi a formação, após alguns dias, de moléculas orgânicas complexas, algumas delas essenciais para a vida, como glicina, alfa-alanina e beta-alanina, o que parecia demonstrar claramente que a ciência já era capaz de estender seus domínios ao misterioso terreno das origens.

Os estudos da origem da vida tomaram, a partir de então, maior fôlego empírico, alimentando a produção teórica com experimentos cada vez mais sofisticados. Outras vias laboratoriais haviam sido tentadas anteriormente, relativas ao surgimento de compostos orgânicos complexos a partir de unidades mais simples. Embora não se afirmasse a reprodução *in vitro* do surgimento do primeiro ser vivo, o ponto de vista otimista induzido por alguns partidários da "sopa primordial" indicava que não havia mais problemas *fundamentais* a resolver.

Em 1959, Miller e Urey escreviam:

> Todos os vôos espaciais projetados e os altos custos desses desenvolvimentos seriam totalmente justificados se fossem capazes de estabelecer a existência de vida em Marte ou Vênus. No caso, a tese de que a vida desenvolve-se espontaneamente quando as condições são favoráveis seria mais firmemente estabelecida, e a nossa visão do problema da origem da vida seria confirmada.

Os desenvolvimentos, em paralelo, da experimentação bioquímica e da astronáutica contribuíram para o crescimento da pesquisa exobiológica a partir da década de 1960.

O aprimoramento das concepções sobre a gênese biológica tornava cada vez mais próxima a possibilidade da vida extraterrena, na medida em que reforçava a visão de que a ciência poderia, num tempo razoável, atingir a compreensão do milenar mistério da natureza da vida. Entender os mecanismos envolvidos na geração do primeiro sistema biológico era um passo essencial para proceder à sua extensão extraterrestre e, daí, prever a sua dimensão na Galáxia.

No mesmo ano da publicação do trabalho de Miller, James Watson e Francis Crick anunciaram os resultados da decifração da estrutura helicoidal do ácido desoxiribonucleico, o DNA, peça chave na compreensão do código genético. Mesmo que as pesquisas exobiológicas não dependessem de tal descoberta, o trabalho de Watson e Crick foi seminal nos estudos sobre a base física da vida terrestre.

GÊNESE PROTOPLANETÁRIA

Um dos raros astrônomos a apresentar uma proposta em relação aos processos que conduziriam à origem da vida, o britânico Fred

Hoyle defendia uma teoria pré-planetária. Cosmólogo, Hoyle, com Herman Bondi e Thomas Gold, desafiou o modelo-padrão da origem do universo, o chamado "big-bang". Com a teoria do estado estacionário, o heterodoxo trio agitou os congressos de astronomia nos anos 1950 e 1960, até a sua derrocada com a descoberta pró big-bang da radiação dos 3K, ocorrida em 1965. Ainda hoje, Hoyle continua como um *enfant terrible* da ciência, com sua polêmica concepção sobre a ação biológica dos cometas.

Ao discutir sua teoria magnética da gênese dos planetas, Hoyle lança uma nova hipótese para explicar os eventos iniciais da vida: "As exigências físicas e químicas devem, contudo, ter sido mais favoráveis à constituição de moléculas complexas antes de a Terra ter sido agregada". Considerando a elevada disponibilidade de energia existente no meio interplanetário — pois a radiação solar não está filtrada por uma atmosfera — e a possibilidade de reunião de moléculas nos corpos protoplanetários, Hoyle conclui com a advertência de que "não há qualquer sugestão de que animais e plantas como as que conhecemos originaram-se no espaço interplanetário. Mas os passos essenciais podem ter lá ocorrido". Sua hipótese, no entanto, não encontrou maior ressonância entre os especialistas da área, persistindo a idéia de que as superfícies dos planetas constituem os sítios ideais para a formação biótica.

PANSPERMIA

A especulação protoplanetária de Hoyle é tributária de hipóteses que vinham sendo esboçadas há mais de 100 anos. No início do século XX, o químico sueco Svante Arrhenius propôs um mecanismo que explicaria a origem da vida terrestre através de uma "fertilização" externa: a panspermia.

Em artigo publicado num periódico popular alemão no mesmo ano em que recebeu o Prêmio Nobel de Química, Arrhenius oferece uma alternativa à idéia do surgimento local dos primeiros organismos terrestres. Amparado nas idéias do físico inglês Lord Kelvin, sugere que a pressão exercida pela luz poderia ter arremessado organismos vivos entre os planetas, concluindo que "os seres vivos de todos os planetas estão relacionados, e que um planeta, tão logo seja capaz de abrigá-la, é logo ocupado pela vida orgânica". A luz, embora nos pareça imaterial, é capaz de impulsionar pequenas partículas no vácuo, conforme comprovado em experimentos em laboratório conhecidos por Arrhenius. Atualmente debate-se a criação de naves espaciais, pouco dispendiosas, que aproveitariam essa qualidade da radiação luminosa como verdadeiros veleiros espaciais.

Arrhenius calculava que o transporte desses esporos vitais, entre a Terra e Marte, por exemplo, demandaria apenas 84 dias. A vida, ademais, seria não apenas trasmitida no interior de um mesmo sistema solar, mas entre as estrelas, espalhando-se, gradualmente, pelo universo.

A revolucionária idéia de Arrhenius provia uma dimensão cósmica a um fenômeno local, a vida, e permitia explicar sua origem como parte de um encadeamento de eventos iniciado em um espaço e tempo remotos.

A reação contrária ao transporte interplanetário e interestelar de elementos bióticos foi fornecida por Paul Becquerel. Em 1924, o físico francês analisou detidamente os diferentes fatores envolvidos no cruzeiro espacial de microorganismos.

Becquerel rejeitava a possibilidade da litopanspermia interastral, ou seja, o transporte de germes por rochas espaciais, pois que as explicações conhecidas para a origem dos meteoritos eram incompatíveis com a conservação de formas de vida em seu interior. Restaria, assim, o cenário sugerido por Arrhenius, que Becquerel chama de radiopanspermia.

Becquerel e sua equipe procuraram reproduzir, no laboratório do físico Kamerlingh Onnes, em Leiden, as rigorosas condições a que um esporo estaria sujeito no espaço. Em relação às baixas temperaturas e ao vácuo que lá predominam, conclui que "os milhões ou milhares de anos necessários para ir de um aglomerado de estrelas a outro não representariam um obstáculo para eles [os germes]". No entanto, quanto à ação da radiação ultravioleta, que sabemos ser letal quando incidindo diretamente nos seres vivos, assevera que "os germes que viajassem no vazio gelado dos espaços interplanetários seriam cedo ou tarde destruídos".

A panspermia, embora condenada por esta avaliação arrasadora de Becquerel e esquecida durante muitas décadas, não desapareceu de todo da literatura científica.

Numa conferência proferida na Sociedade Interplanetária Britânica, em 1951, Haldane imaginava que "alguns tipos de organismos vivos poderiam sobreviver no espaço interestelar e infectar novas nebulosas espirais com vida".

No final dos anos 1950, Michael Briggs, da Universidade Cornell, recomendava o reexame da panspermia, imaginando que, se fosse descoberta em Marte uma conformação biótica semelhante à nossa, "a vida poderia ter se originado quimicamente na Terra ou em Marte e, então, ter sido, de alguma forma, transportada para o outro [planeta]". Tal proposta foi retomada na década de 1990, com a descoberta dos meteoritos marcianos. Na litopanspermia de Briggs, os meteoritos exerceriam o papel de ônibus espacial, carregando os esporos entre os planetas. O exame microbiológico de meteoritos, portanto, poderia ser um dos testes decisivos na confrontação entre as teorias de origem.

Se considerarmos a origem da vida terrestre como um evento de repetição improvável, uma das vias de contorno ao problema seria a panspermia, transportando para outras superfícies planetárias a chave para a existência da vida terrestre.

PANSPERMIA DIRIGIDA

O biofísico britânico Francis Crick, Prêmio Nobel de Medicina e Fisiologia em 1962 pela co-descoberta da estrutura do DNA, imaginou uma variante do esquema de Arrhenius — a panspermia dirigida. De forma a eliminar os problemas relativos à sobrevivência de "esporos" no meio interestelar, Crick sugeriu que os microorganismos são intencionalmente enviados no interior de naves espaciais. De forma semelhante, Thomas Gold considerou a possibilidade de contaminação orgânica de mundos inabitados através de naves espaciais não-esterilizadas. Poderíamos ser o fruto do descuido da tripulação de uma nave extraterrestre...

Crick particulariza a deficiência central nos estudos sobre origem da vida: a passagem do caldo pré-biótico para o primeiro sistema auto-replicador. Localiza-se, nesse interstício, a panspermia dirigida, ou artificial, como solução a esse genuíno quebra-cabeças científico.

Tomando dez bilhões de anos como o tempo transcorrido desde a origem do universo, um bilhão de anos como o intervalo necessário para a formação dos primeiros sistemas planetários com composição química adequada à vida e quatro bilhões de anos como o período para o surgimento de seres inteligentes, Crick infere que já houve tempo suficiente para a vida evoluir, ao menos, duas vezes seguidas.

Os ETs de Crick teriam alcançado a percepção da raridade da vida no universo — acertada ou erradamente — e de sua eventual destruição, enviando a outros planetas naves espaciais contendo microorganismos. Os microorganismos, em qualquer situação de exploração interestelar, sempre poderiam ir mais longe do que as formas de vida mais complexas.

Juntamente com Crick, o químico Leslie Orgel propôs uma panspermia renovada. A variante de Orgel supõe a ação de um meteorito exterior ao sistema solar, levando em seu interior (protegido do meio interestelar) microorganismos advindos de outros planetas, responsáveis pela origem da vida terrestre.

A revitalização da panspermia parece resultar do prolongado fracasso em recriar, de modo completo, experimental e teoricamente, as origens da vida, movendo o foco da história local para um contexto cósmico. A modernização das idéias de Arrhenius associa-se ao desenvolvimento da astronáutica e à admissão da possibilidade de viagens interestelares. Ao evitar a mais séria crítica aos esporos migratórios, i.e., sua resistência aos danos provocados pelo meio interestelar, Crick introduz, por outro lado, uma hipótese problemática, relativa à existência e motivações de civilizações extraterrestres. Não basta existir a tecnologia para a viagem entre as estrelas. Os hipotéticos extraterrestres devem também querer exercer o papel de demiurgos, disseminando a vida pela Galáxia.

A EVOLUÇÃO CÓSMICA

A idéia de que existe uma evolução cósmica tem sido utilizada com certa freqüência pelos pluralistas. O conceito de evolução cósmica procura ultrapassar seu domínio original — o biológico — e estendê-lo ao mundo inorgânico, abrangendo desde a origem do universo até a formação dos planetas.

Nos anos 1950, Melvin Calvin trilhava o mesmo caminho, com o objetivo de fornecer uma explicação científica para a origem da vida. Segundo ele, é possível, "extrapolando a idéia da evolução, incluir tanto sistemas vivos quanto não vivos" e definir quatro tipos de evolução: nuclear, química, biológica e psicossocial. Se admitirmos que exista uma seqüência *universal* de etapas de transformações pelas quais a matéria transita, torna-se mais fácil justificar a emergência da vida em outras superfícies planetárias e sua conseqüente busca.

A evolução cultural de nossa espécie seria, assim, parte desse processo cósmico. As descobertas nas ciências do homem, conforme sintetizou Mark Stull, do Ames Research Center, conduziriam à conclusão de que "estamos, talvez pela primeira vez, capacitados a fazer uma avaliação aproximada da probabilidade de que a evolução produzirá uma espécie inteligente e tecnológica, e ter certo grau de confiança de que tal avaliação está correta". A evolução humana seria uma decorrência natural dos processos de transformação biológica, pois a inteligência apresenta um elevado valor de sobrevivência.

Entretanto, essa idéia vem enfrentando as críticas de cientistas, como o francês Jules Carles, que, em sua análise das teorias de origem da vida, repudia tal extensão do conceito de evolução, pois este passaria a abranger, erradamente, um domínio de aplicação — o mundo inanimado — para o qual não teria sido elaborado.

Não haveria, também, maior significação na aplicação da expressão "evolução pré-biótica" ou "evolução molecular", pois a inexistência da vida retira o sentido próprio do termo evolução. Isto se deve a que, mesmo reunindo todos os átomos e moléculas necessários à existência de um organismo vivo, "estaria ainda por fazer o essencial, a passagem da matéria à vida."

Para o biólogo e escritor Stephen Jay Gould, a evolução é um processo histórico, destituído, portanto, de qualquer objetivo final, e "a consciência é um caprichoso acidente evolutivo, um produto de uma linhagem peculiar que desenvolveu a maioria dos componentes da inteligência para outros propósitos evolutivos". O surgimento da consciência no homem parece ser um mero acaso, e não a conclusão de uma longa caminhada iniciada com o big-bang há 14 bilhões de anos.

ISSOL E SOLIS

No mesmo ano em que se iniciou a Era Espacial, Oparin organizou, em Moscou, um simpósio sobre "A origem da vida na Terra". Primeiro encontro internacional sobre o assunto, reuniu dezenas de cientistas da área, e diversas teorias biopoiéticas (de origem da vida) foram ali revisadas e criticadas. O evento de Moscou foi o início de uma série de conferências sobre o assunto, realizadas a cada três anos. Os estudiosos das origens acabaram por se congregar, posteriormente, na ISSOL (International Society for the Study of the Origin of Life ou Sociedade Internacional para o Estudo da Origem da Vida), tendo lançado a revista *Origins of Life*. A formação da ISSOL indica claramente o amadurecimento acadêmico da pesquisa sobre a origem da vida.

Bem diferente é a situação da SOLIS (Society for Life in Space ou Sociedade para a Vida no Espaço), constituída há poucos anos para defender — e não analisar, como fazem os cientistas — a colonização da Galáxia pelas formas de vida terrestre. A panspermia dirigida, virada ao avesso, passa a servir à defesa de um imperialismo galáctico do carbono. É esperar para ver!

VULCÕES

Na manhã de 27 de agosto de 1883, uma série de tremendas explosões sacudiu o Krakatoa, vulcão localizado no estreito de Sunda, na Indonésia. Australianos atônitos escutaram o ribombar provocado a milhares de quilômetros, seguido da ejeção de toneladas de cinzas e fragmentos de rochas. Além de mergulhar as ilhas próximas na escuridão, o Krakatoa provocou a formação de ondas gigantescas — os tsunamis — que mataram 36.000 pessoas, habitantes das áreas costeiras de Java e Sumatra. Entretanto, os vulcões não são apenas ícones de terror e morte.

Atualmente sob o ataque de diversos modelos alternativos, a teoria da sopa pré-biótica não era unânime mesmo nos anos 1960. Em meados dessa década, Sydney Fox propunha a concepção de que as regiões próximas aos vulcões apresentavam condições adequadas para a síntese de proteínas primitivas — ou proteinóides —, o que permitiria a simulação experimental, por meio de energia térmica, dos processos envolvidos na origem da vida.

L. Mukhin, da Academia Soviética de Ciências, defendeu, na Conferência de Byurakan em 1971, que os vulcões submarinos foram os principais agentes na formação de moléculas orgânicas, fornecendo tanto energia quanto uma grande quantidade de materiais necessários à síntese biótica.

BIOQUÍMICAS ALTERNATIVAS E A NATUREZA DA VIDA

Um dos fundamentos das avaliações exobiológicas é a aceitação da universalidade do modelo terrestre de vida. Em nosso planeta, a vida desenvolveu-se a partir da disponibilidade de água no estado líquido e de compostos químicos baseados no carbono. Por outro lado, a tese da universalidade do carbono tem sido considerada como mais uma expressão de "chauvinismo" terrestre — o "chauvinismo" do carbono. Deve-se recordar, no entanto, que a ausência de modelos teóricos e comprovação experimental para concepções "não-chauvinistas" têm restringido as hipóteses exobiológicas a moldar-se pela biologia conhecida.

Phillip Cleator, escrevendo no periódico da Sociedade Interplanetária Britânica, em 1935, imaginava ser possível a existência de seres em Netuno capazes de respirar o gás mostarda, concluindo que "visto desta forma, será evidente que a possibilidade de existir vida em outros planetas é infinita".

A adoção de tal raciocínio traz implicações claras para a avaliação numérica da vida extraterrestre, pois a admissão de bioquímicas alternativas ampliaria o espectro de ambientes planetários toleráveis.

Com a mesma concepção, Harlow Shapley não descarta a possível existência de vida baseada em compostos de silício. O objetivo do acolhimento desta via, a saber, a defesa do pluralismo, fica clara pela evidente redução dos planetas hostis ao desenvolvimento de formas de vida.

A possível viabilidade de bioquímicas alternativas coloca em relevo o tradicional e polêmico tema da definição de vida. Em princípio, só seria admissível a busca de um fenômeno cujas características essenciais fossem conhecidas. O fato de inexistir uma compreensão consensual sobre os limites entre o vivo e o inerte não impediu, no entanto, que sua busca fora da Terra fosse perpetrada.

Hermann Joseph Muller, Prêmio Nobel de Medicina em 1946 e um dos orientadores de Carl Sagan na pesquisa genética, acentuava que "a essência da vida está na capacidade de sofrer evolução, e esta capacidade é inerente ao gene". Centrando no gene a unidade básica geradora da vida, Muller assevera que, "de fato, a evolução ... permite-nos concluir que em outro mundo fisicamente similar ao nosso surgiriam formas de vida apenas remotamente análogas".

O astrônomo russo Gabriel Tikhov, para defender-se das objeções ao surgimento e persistência de organismos do tipo terrestre nas condições marcianas, convergia com uma perspectiva que alargava amplamente os horizontes do surgimento e evolução da vida, a partir de uma definição ampla desta. As formas de vida poderiam, portanto, adaptar-se aos mais diversos contextos ambientais.

Konstantin Tsiolkovsky, no ensaio *Seres vivos no cosmo*, pareceu favorecer a idéia de outras bases químicas para a vida. Em sua visão de uma sucessão infinita de mundos, supunha que "todos os elementos podem ser utilizados para construir organismos vivos. Assim, podemos supor que em cada planeta diferentes substâncias predominam na composição dos seres vivos".

A uniformidade bioquímica terrestre é indicada pela existência de assimetria levógira nas principais moléculas orgânicas. Da mesma forma, todas as proteínas são constituídas pela reunião (dentro de um conjunto muito mais vasto de possibilidades) de apenas 20 aminoácidos e os ácidos nucleicos de quatro bases. Isso seria indicativo do predomínio primordial de uma única estrutura, a partir da qual surgiram todas as formas de vida conhecidas. Afinal, as leis da física e da química não parecem impor o modo como a biologia se constituiu em nosso planeta como algo absolutamente necessário.

Outros requisitos para a existência de vida indicam a combinação de unidades-padrão (mais ou menos) estáveis e tempos de reação (mais ou menos) rápidos, i.e., organismos em estado sólido flutuando em meio líquido. Ora, como a água é uma molécula muito abundante no universo e o carbono o átomo com a maior capacidade de ligacão com outros átomos, tornar-se-ia compreensível que a vida terrestre seja baseada em compostos de carbono dissolvidos em água. Teríamos, assim, uma justificação do famoso "chauvinismo do carbono", foco de tantas polêmicas.

A biologia ainda não adquiriu a dimensão de generalidade das ciências físico-químicas, restringindo-se a elaborações sobre um único caso (o nosso), fundamentada na teoria darwiniana da evolução. Na ausência de parâmetros de vida não-terrestre, buscam-se as características gerais da última: a presença de temperaturas moderadas, aquelas nas quais sobrevivem as formas terrestres de vida, um meio aquoso e moléculas baseadas no carbono. Joshua Lederberg sugere como critério demarcatório entre evolução química e biológica a existência de um sistema dotado de metabolismo e auto-replicação.

A possibilidade da descoberta de vida extraterrestre teria implicações diretas para a biologia, pois permitiria ao biólogo "separar o que é necessário do que é contingente".

Um paralelo entre os estudos sobre a origem da vida e aqueles sobre a vida extraterrestre deve ser sublinhado. Assim como estes carecem de um objeto claramente identificado, aqueles têm o ônus de não ter reproduzido seu fenômeno central. Ambos têm que proceder por aproximações, embora, evidentemente, de formas distintas. A história recente das teorias sobre a gênese da vida mostrou que o quadro de explicações possíveis ampliou-se significativamente, alijando o "caldo quente" da primazia alcançada na década de 1950.

A não repetitividade do fenômeno biológico fragiliza o ato de generalização e formulação de teorias, e, em última instância, o estabelecimento de prognósticos. Quaisquer das estimativas, pessimista ou otimista, padecem da mesma carência, na medida em que os biólogos não podem, ainda, determinar em que proporção o acaso desempenha um papel no surgimento da vida. A detecção de formas de vida extraterrestre certamente abrirá novos horizontes à questão. No Congresso de Byurakan, em 1971, Francis Crick lembrava que só poderíamos tirar conclusões estatísticas a partir de dois casos (de existência de vida e inteligência).

A entrada na cena teórica e experimental dos estudos sobre a gênese biótica foi um dos acontecimentos da história científica de maior significação para a exobiologia. As teorias que explicavam a origem da vida terrestre a partir de reações químicas comuns locais ou através da panspermia forneciam elementos para a sua extrapolação num contexto planetário e, conseqüentemente, subsidiavam as perspectivas otimistas sobre a vida extraterrestre.

ASTROQUÍMICA

O crescente volume de compostos químicos complexos descobertos no espaço vem ampliando, em extensão e complexidade, o quadro de uma astroquímica (ou cosmoquímica) — o estudo químico do espaço exterior. A listagem de espécies químicas detectadas entre as estrelas já ultrapassa a marca das três dezenas. De interesse para a busca de vida extraterrestre, os compostos da suposta atmosfera primitiva terrestre (hidrogênio, água, amônia e metano) foram detectados no meio interestelar, protegidos da desintegração molecular pelas nuvens de poeira nas quais se desenvolvem. A detecção no espaço de moléculas como o oxigênio e o vapor d'água tem sido ampliada através de satélites como o SWAS (Submillimeter Wave Astronomy Satellite ou Satélite Astronômico de Ondas Submilimétricas), um rádio observatório lançado pela NASA em 1998.

Também foram encontradas moléculas que teriam tomado parte nas reações químicas pré-bióticas, comuns ao meio interestelar e à coma e cauda dos cometas. O impacto de cometas poderia ter fertilizado a superfície terrestre com elementos e compostos essenciais para a formação do primeiro organismo vivo. Tais descobertas levaram Thomas McDonough a questionar: "Esta é uma das mais importantes razões para o otimismo na SETI: com os ingredientes básicos tão espalhados, como a vida pode ser rara?".

4. Assovios no Éter

E o fulgor das estrelas existe como se tivesse peso.

Fernando Pessoa

Em 1887, o físico alemão Heinrich Hertz produziu, pela primeira vez em laboratório, as ondas eletromagnéticas longas — também conhecidas como ondas hertzianas. As ondas de rádio de Hertz concretizaram as teorias sobre os campos eletromagnéticos desenvolvidas 20 anos antes pelo inglês James Clerk Maxwell.

Aproximadamente uma década mais tarde, Guglielmo Marconi utilizava essas ondas para a transmissão de sinais a distâncias de até 140km. Em 1901, a telegrafia sem fio, com Marconi, realizaria a primeira transmissão transatlântica de uma mensagem de SOS. Alguns anos depois, Fessenden demonstrou a possibilidade de transmitir a voz pelo rádio.

A reunião da tecnologia do rádio com a astronomia ocorreu décadas após tais eventos, em decorrência de demandas bastante práticas.

Radioastronomia

No início da década de 1930, trabalhando para os Laboratórios Bell, Karl Jansky desenvolvia uma pesquisa visando precisar a origem de certas interferências periódicas nas radiotransmissões. Utilizando uma antena ajustada para o comprimento de onda de 14,6m, Jansky determinou, após alguns meses de investigação, que a fonte de perturbações originava-se fora do sistema solar.

Sua maior intensidade localizava-se na direção da constelação Sagitário, o que o levou à dedução de que a radiação provinha do centro de nossa Galáxia. Infelizmente, nos anos que se seguiram, o achado de Jansky não recebeu a atenção dos astrônomos, concentrados na exploração do universo através da janela óptica.

Apenas a partir de 1937, com os trabalhos do radioamador norte-americano Grote Reber, as descobertas de Jansky voltaram à tona. Reber, utilizando uma antena parabólica de 9m, desenhou o primeiro radiomapa da Via Láctea, na faixa dos 187cm, correspondendo a uma freqüência de 150MHz. Começava a se desenvolver um novo ramo da astronomia, que veio a revolucionar os conceitos tradicionais sobre planetas, estrelas e galáxias.

O desenvolvimento da tecnologia do RADAR (Radio Detecting And Ranging ou Detecção e Rastreio por Rádio), durante a II Guerra Mundial, seria fundamental para impulsionar a radioastronomia e a radarastronomia. Por razões militares, em 1935 a Inglaterra iniciou a construção de uma série de estações de detecção de aeronaves ao longo do Canal. Não é casual, portanto, que este país tenha liderado, durante muitos anos, as pesquisas radioastronômicas. Foi justamente durante o período da guerra que J.S. Hey, visando resolver os problemas de interferência no sistema de radares britânico, realizou as observações pioneiras sobre o comportamento do Sol como uma radiofonte poderosa e variável.

Logo após a guerra surgem os primeiros radiotelescópios, em Cambridge (Inglaterra) e Sidney (Austrália). A radarastronomia inicia-se com a recepção do "eco" de um feixe de ondas enviado a Lua, em 1946, e, nesse mesmo ano, é descoberta a primeira radiofonte celeste individual. Em 1955, é detectada a emissão de microondas por Júpiter. Em 1956, as observações iniciais de Vênus, por meio do rádio, indicavam uma temperatura elevada para o planeta, posteriormente confirmada por missões espaciais. Abria-se, assim, uma nova perspectiva observacional para os estudos planetários.

A FREQÜÊNCIA MÁGICA

Em 1944, o astrônomo holandês H.C. Van de Hulst divulgou seu trabalho sobre a emissão de energia, pelos átomos de hidrogênio do meio interestelar, no comprimento de onda dos 21cm (1.420MHz).

Essa radiação foi captada em 1951, por Ewen e Purcell, na Universidade de Harvard; por Muller e Oort na Holanda; e por Christianson, em Sidney. Como a emissão do hidrogênio não é significativamente absorvida pelo meio interestelar, seu exame permitiu aos astrônomos a confecção de uma mapa da estrutura espiral da Galáxia.

A detecção da radioemissão do hidrogênio interestelar foi uma das descobertas fundamentais para os futuros projetos SETI, pois tal radiação passou a ser considerada um "farol interestelar". Como o hidrogênio é o elemento químico mais comum do universo, sua emissão nos 21cm, imaginam os exobiólogos, pode ser tomada como uma escolha universal para civilizações científicas, o que levou a denominá-la de "freqüência mágica".

Na década de 1950, grandes radiotelescópios começaram a tornar-se operacionais, tanto na Europa (Jodrell Bank) quanto nos Estados Unidos (Green Bank) e Austrália (Parkes). Será com esses instrumentos que as hipóteses até então formuladas sobre o radiocontato transitarão do território teórico para o experimental, iniciando uma nova etapa para a exobiologia.

MOVENDO O DIAL

Desde que se iniciaram as primeiras transmissões de rádio transoceânicas, a possibilidade de detecção de sinais de seres inteligentes extraterrestres entrou em pauta, atraindo tanto a atenção popular quanto a científica. Os primeiros proponentes da radioescuta interplanetária foram os próprios pioneiros dessa tecnologia, como Marconi.

Em 1920, Nieman e Nieman, na revista norte-americana de divulgação científica *Scientific American*, propõem um sistema para comunicação com Marte através do uso seqüencial de pulsos luminosos. Combinando-se uma sucessão de sinais (curtos e longos), obter-se-ia uma matriz, na qual seriam formadas figuras, em grau crescente de complexidade. A proposta de Nieman e Nieman guarda muitas semelhanças com o esquema de Drake, utilizado na transmissão de Arecibo, em 1974. Seqüências como a dos números primos têm sido consideradas como boas indicadoras de sua natureza artificial.

Em 16 de junho de 1922, o *New York Times* anunciava:

> Guglielmo Marconi, em seu laboratório flutuante, o iate *Electra*, aparentemente falhou em captar mensagens de Marte. ... Meses atrás, ele recebeu o que considerou sendo sinais de 150.000m de comprimento de onda. Como estes sinais eram muito mais longos do que qualquer outro produzido por uma fonte terrestre conhecida, acreditou que provinham de Marte.

A tentativa de Marconi estava associada a uma das épocas de máxima aproximação com Marte, quando, ainda segundo o jornal norte-americano, poderia ser obtido "algum conhecimento preciso sobre se a comunicação com Marte ou outro planeta é possível".

Em 1924, o abade e astrônomo francês Théophile Moreux também especulava, em seu livro *A vida em Marte*, sobre a possibilidade de estabelecimento de comunicação interplanetária através das ondas hertzianas.

No mesmo ano em que Moreux publicava *A vida em Marte*, J.B.S. Haldane lançava seu primeiro livro, *Dédalo, ou a ciência e o futuro*, onde o cientista e escritor britânico lamentava-se: "Como me aprouvera, se o tempo me tivesse permitido, contribuir nas especulações que se fizeram em torno das comunicações interplanetárias. Se isto é possível, não formo nenhuma conjetura, mas que tentativas serão feitas nesse sentido, não tenho a menor dúvida".

Durante outra oposição marciana, em 1924, tanto o exército quanto a marinha norte-americanos decretaram um "rádio silêncio" em suas estações, aguardando a chegada de uma mensagem do Planeta Vermelho. Embora acompanhados com desconfiança pelos astrônomos, esses acontecimentos demonstram a pertinácia da idéia de vida inteligente em Marte, e sua recorrente manifestação popular.

O bispo inglês E. Barnes não apenas admitia a existência de "radiações" portadoras de mensagens ao nosso planeta, como também acreditava que o primeiro contato iria inaugurar "uma nova era na história da humanidade".

Um dos pioneiros do radioamadorismo, Hiram Percy Maxim, sugeria, em 1932, nas páginas de *Scientific American*, que "algum dia, é provável que seja encontrada, por meio do rádio, uma inteligência extraterrestre".

As possibilidades delineadas por Nieman e Nieman, Moreux, Barnes e Hiram, de forma bastante incipiente, não conduziram, na época, à constituição de projetos específicos de pesquisa, em função, entre outros fatores, do estágio primário de desenvolvimento da tecnologia do rádio.

Em *Os mundos habitados*, o historiador da ciência húngaro Desiderio Papp desenvolve com maior detalhamento a idéia da comunicação interplanetária através da utilização da matemática como um meio universal de contato. Alinhado com a interpretação lowelliana, Papp assegura que "o enigma dos canais não apenas deixa de sê-lo, como também constitui uma prova inequívoca da vida e obras dos habitantes do planeta Marte". Dessa forma, o intercâmbio de informações com os marcianos deve ser perseguido, baseando-se em que "as matemáticas dos marcianos são iguais às nossas." Os "telegramas" para o Planeta Vermelho, através das ondas hertzianas, deveriam seguir a sistemática do código Morse.

LINGÜÍSTICA EXTRATERRESTRE

Em "Astraglossa", artigo publicado em 1952 pelo biólogo britânico Lancelot Hogben, traçaram-se algumas considerações relacionadas à elaboração de um sistema lingüístico para comunicação extraterrestre. Além dessa contribuição, Hogben retornaria à sintaxe interestelar em outro artigo, publicado na década de 1960, em que critica a "Língua cósmica", criada por Hans Freudenthal.

A proposta de Hogben pode ser considerada o primeiro estudo detalhado das dificuldades que cercam a elaboração de uma linguagem de contato com um ET. Diversos cientistas e filósofos, nos últimos anos, criticaram o otimismo exacerbado dos defensores de um contato inteligível extraterrestre, em virtude das inúmeras e, talvez incontornáveis, diferenciações físicas e intelectuais entre espécies evoluindo em distintos ambientes planetários. Para um deles, o filósofo norte-americano Nicholas Rescher, "não existe uma 'linguagem científica ideal' que possua estatuto privilegiado para a caracterização da realidade" e que, portanto, possa servir de meio de comunicação extraterrestre.

Reflexo ficcional da tese da impossibilidade de compreendermos uma inteligência alienígena, Arthur Clarke expõe, em *Encontro com Rama*, o retrato de uma humanidade frustrada com o absoluto desinteresse alienígena em estabelecer contato. Com a mesma perspectiva, Charles Sheffield colocou, em seus romances *Maré de verão* e *Divergência*, homens e extraterrestres em busca dos segredos de uma misteriosa espécie há muito desaparecida, os chamados Construtores.

A base comum da inteligibilidade, em Hogben, poderia ser construída a partir do seguinte axioma: "O número será, inicialmente, nosso idioma de reconhecimento recíproco e a astronomia o tópico de nossa primeira conversação factual." Em analogia com a construção de sistemas de numeração, sugere a gradativa constituição de um sistema de sinais, até que seja possível apresentar conceitos relativos às ciências naturais, como massa e temperaura. Oito anos depois, a primeira radioescuta seria realizada por Frank Drake, embora — como até agora — sem sucesso. A rápida evolução da eletrônica foi ampliando os horizontes de detecção da SETI, numa escala dificilmente previsível no início dos anos 1950.

O holandês Hans Freudenthal também procurou formalizar os princípios de uma linguagem de aplicação universal: LINCOS, a "Lingua Cosmica". A delimitação fundamental na constituição de LINCOS relaciona-se a uma precondição da inteligência extraterrestre, a saber, "este ser com quem pretendemos comunicar há de ser igual a nós, quer dizer, quanto a entendimento e forma de expressão". A comunicação, para o lingüista batavo, é direcionada a seres inteligentes específicos, aqueles intelectualmente "antropomórficos". A construção de sua linguagem parte de alguns princípios, como o de tomar a matemática como uma linguagem universal, pois "o próprio Universo está ordenado matematicamente", e a impossibilidade de, na comunicação interestelar, poder apresentar os objetos reais para a constituição de um vocabulário.

Assim, devemos começar por uma seqüência de sinais que indiquem operações matemáticas, passando das mais simples às mais complexas. Na etapa seguinte, mostrar-se-ia o tempo através de sinais de duração variável. Na terceira parte, ocorrem as lições sobre comportamento, a partir da descrição, no formalismo da lógica, de "cenas de nossa vida", ao passo que, na quarta, volta-se às questões relacionadas a "espaço, movimento, massa". O próprio Freudenthal reconhece as dificuldades relacionadas à interpretação de LINCOS, concluindo que "o conjunto de todas essas qualidades caracteriza, precisamente, a criatura capaz de entender todo o programa, quer dizer, o ser humano".

LINCOS é significativo na medida em que se constitui num programa voltado especificamente ao contato com outros seres inteligentes, via rádio, e representou uma tentativa de teorizar um instrumento formal para a CETI (Communication with Extraterrestrial Intelligence ou Comunicação com Inteligência Extraterrestre).

A possibilidade de entendermos as linguagens interestelares resulta de nossa crença na universalidade das leis naturais. Por conseguinte, distintas sociedades inteligentes convergirão para a apreensão das mesmas leis, elaborando uma linguagem traduzível, entre estas, para o contato, que, assim, não se apresentaria como problemático.

A exemplo de Hogben e Papp, o soviético Sternfeld presumia que a matemática poderia ser objeto de compreensão universal, e que "o processo mais simples de transmissão dos pensamentos é o alfabeto luminoso, inspirado no alfabeto Morse".

Mesmo adotando a idéia do uso da luz visível para comunicação com outros seres inteligentes, Sternfeld acredita que "a sinalização luminosa deverá ceder o passo à sinalização pelo rádio", inclusive, para os "espaços intersiderais".

A tecnologia da radiocomunicação e a radioastronomia, embora entrem em cena muito mais como meios de operacionalização de um ideário de contato, constituem etapas essenciais na configuração da exobiologia. Desde seus primórdios, a tecnologia da radiocomunicação a longas distâncias alimentava as investigações sobre as transmissões interplanetárias. Um dos fatores que separam essas décadas daquelas onde a SETI tornou-se operacional foi o desenvolvimento no campo da eletrônica, propiciando a construção de equipamentos aptos à emissão e recepção de sinais interestelares.

Praticamente em consonância com o surgimento da radiocomunicação, começaram a se delinear possibilidades de contato indireto com um ET através do uso da radiação eletromagnética.

EFEITOS DE UM CONTATO

Em *Jornada nas estrelas — Insurreição*, o capitão Jean-Luc Picard defronta-se com um dilema que tem sido comum nas histórias de ficção científica: o impacto do contato entre civilizações distintas. Na série criada por Gene Rodenberry, os tripulantes da *Enterprise* procuram, nem sempre com êxito, seguir a Primeira Diretiva, que proíbe a interferência da Frota Estelar no desenvolvimento natural de qualquer sociedade que venha a ser encontrada.

A possibilidade da comunicação a longa distância levou à discussão sobre os efeitos de um contato direto com um ET. No final dos anos 50, Andrew Haley, *chairman* da Sociedade Americana de Foguetes, apresentou uma sugestão de regulamentação das relações entre as tripulações de naves terrestres e os possíveis seres encontrados em outros mundos. As questões legais que envolveriam um contato com um ET têm sido objeto de trabalhos recentes, como a Declaração de Princípios da SETI.

O centro da normalização de Haley é a "Grande Regra da Metalei". Sua Metalei, com a intenção de sobrepôr-se ao direito antropocêntrico, recomenda que "nenhuma espaçonave terrestre poderia aterrisar sem ter estabelecido satisfatoriamente que (1) o pouso e contato não prejudicarão nem o explorador nem o explorado e (2) até que a nave terrestre tenha sido convidada pelo explorado a pousar". O trabalho de Haley marcou uma das tentativas iniciais de sistematizar padrões de aproximação com formas de vida inteligente extraterrestres, em consonância com um princípio moral de aplicação universal.

A discussão de uma ética cósmica já havia sido objeto de especulações do escritor britânico de ficção científica Olaf Stapledon. Para Stapledon, as viagens interplanetárias devem ser moralmente direcionadas no sentido da constituição de uma "comunidade de mundos".

Apenas a partir do início dos anos 1960 surgiria uma normalização jurídica internacional envolvendo a área espacial, através dos cinco tratados aprovados pela ONU. Destes, o último, o "Acordo que regula as atividades dos Estados na Lua e em outros corpos celestes", de 1979, refere-se, em seu artigo quinto, parágrafo terceiro, ao fato de que "Ao realizarem suas atividades em conformidade com este Acordo, os Estados-Partes devem notificar imediatamente o secretário-geral da Organização das Nações Unidas, bem como o grande público e a comunidade científica internacional, sobre qualquer fenômeno que eles identificarem no espaço cósmico, inclusive na Lua, capaz de constituir ameaça à vida ou à saúde humana, e também sobre sinais de qualquer espécie de vida orgânica." Como veremos adiante, a comunidade da SETI gerou uma regulamentação própria, inspirada, ao menos em parte, no delineamento proposto pela ONU.

Ao discutir alguns aspectos de uma hipotética comunicação extraterrestre, R.B. Lee, da Universidade de Toronto, sugere a tripartição das situações possíveis para o tempo de vida de uma civilização tecnológica: curta, longa e cíclica, sendo que neste último caso teríamos uma inteligência com variações temporais no seu interesse pela CETI. Os efeitos da expansão das civilizações tecnológicas levariam a situações como a de imperialismo (com a assimetria social na situação de contato) e a de absorção de uma cultura por outra (o que poderia ocorrer em nosso primeiro contato com um ET). Desse modo, teríamos "civilizações de evolução primária" e civilizações "difundidas", devendo as últimas às primeiras sua evolução tecnológica.

A evolução de civilizações técnicas sucederia em quatro etapas: 1) primária (sem contatos com ET); 2) comunicação com ET, apenas como receptora; 3) civilização técnica ativa na CETI; 4) contato direto com ET em seus sistemas planetários. A análise de Lee demarca uma possível área de contribuição das ciências sociais à CETI, através do desenvolvimento de pesquisas sobre a evolução das sociedades tecnológicas.

Embora o estabelecimento de um contato indireto possa ter um grande impacto cultural, este seria gradual, na medida em que só será efetivado através de "filtros" sociais. Sendo um texto, a mensagem "não iniciará uma Idade de Ouro", adverte Philip Morrison, pois seu conteúdo deve ser verificado e analisado em função de nossos próprios conhecimentos. Apesar disso, a SETI justifica-se em virtude de uma contribuição possível à nossa cultura, mas não em termos científicos, pois "produzirá uma concepção do universo menos alienante do que a que caracteriza atualmente a população das sociedades industriais".

Morrison posiciona-se entre os dois extremos em relação aos efeitos do contato. Rejeitando as "revoluções" do conhecimento, não abandona a perspectiva de um efeito positivo, agora sob a égide de benefícios morais.

Regis Jr., em seu ensaio *SETI desmistificado*, ataca a popular idéia dos benefícios da SETI. O contato poderia ser dividido em três tipos: com civilizações estranhas, iguais ou semelhantes em alguns aspectos.

No primeiro caso, o contato com uma cultura completamente distinta não poderia acarretar qualquer efeito, pois "é necessário haver algo em comum para que a informação numa civilização seja informação para outra". Isto é válido em relação aos aspectos éticos, pois a estranheza implicaria na completa impossibilidade de compreensão de seus sistemas particulares de valores.

Se a suposta mensagem de rádio revelasse a existência de uma civilização idêntica à nossa, apesar da improbabilidade de tal evento, certamente que não poder-se-ia esperar qualquer benefício do contato.

A interação com uma cultura assemelhada em certos domínios levaria à necessidade de avaliar as características do sistema moral extraterrestre. Entretanto, tal julgamento só poderia ser efetivado com base em nossa própria moral, pois não existe qualquer sistema ético sobrehumano. O contato novamente não acarretaria benefícios, pois retornaríamos aos nossos próprios padrões.

A conclusão: se as idéias extraterrestres são completamente estranhas, são inúteis; caso contrário, retornamos à questão de selecionar quais concepções adotar. Os benefícios científicos da SETI só ocorreriam se as ciências — nossa e extraterrestre — fossem mutuamente compreensíveis. Isto só ocorreria se as histórias de ambas as espécies fossem semelhantes, o que parece altamente improvável.

Ao contrário do que imaginam os otimistas do contato, Regis Jr. lembra que "a descoberta das Américas não teve para os europeus os efeitos que os advogados da SETI insistem que a descoberta de um ET terá para nós. Isso não tornou mais triviais as diferenças entre os europeus, não serviu como influência integradora entre eles, não os tornou mais tolerantes nem amantes da paz."

Lewis Beck, filósofo da Universidade de Rochester, aborda historicamente esta característica, afirmando que "a esperança escatológica de ajuda celeste revive quando os céus da nova astronomia substituem o Céu da religião". A exobiologia, desse modo, seria apenas mais um capítulo de uma longa história de esperanças extra-mundanas. As peculiaridades de nossa época, marcada por profundas e múltiplas crises, seriam geradoras de uma mentalidade coletiva responsável pelo ressurgimento escatológico.

5. A ERA PLANETÁRIA

> Quem o autoriza a pensar que o movimento admirável da abóboda celeste, a luz eterna dessas tochas girando majestosamente sobre sua cabeça, as flutuações comoventes do mar de horizontes infinitos foram criados e continuem a existir unicamente para sua comodidade e serviço?
>
> Montaigne

Constrangidos pelo estágio então existente da tecnologia telescópica — basicamente restrita ao espectro óptico — e pela impossibilidade de concretizar explorações exobiológicas *in loco*, os estudos dos cientistas voltaram-se, até o início da Era Espacial, para a interpretação das observações dos planetas.

O conhecimento planetário acumulado até as primeiras décadas do século XX levou os astrônomos a algumas conclusões gerais, como a inexistência de formas de vida inteligente e a possibilidade de vida vegetal ou microscópica em alguns desses corpos.

Em 1942, James Jeans, já próximo do final de sua longa e produtiva carreira científica, traçou um quadro bastante pessimista quanto às possibilidades de vida em outros planetas. Cético quanto à existência dos canais lowellianos, Jeans exclui os planetas exteriores do sistema solar como potenciais sítios bióticos. Restaria, apenas, Marte como um local a ser explorado.

O ENIGMA MARCIANO

O "Enigma Marciano" é uma constante da literatura científica, mesmo após o arrefecimento da polêmica lowelliana, atraindo as atenções de astrônomos como uma das localidades de nosso sistema planetário com maiores possibilidades de abrigar formas de vida alienígenas.

Os marcianos se constituíram no paradigma do invasor maligno já a partir do século XIX, quando H.G. Wells escreveu, na abertura de *A guerra dos mundos* (1898), que, "através do golfo do espaço, mentes que estão para as nossas como as nossas estão para as feras da floresta, intelectos poderosos, frios e sem simpatia observavam esta terra com olhos invejosos e lenta e inexoravelmente traçavam seus planos contra nós". Passando pelos reinos em conflito de Edgar Rice Burroughs até os seres repugnantes de *Marte ataca!*, a ficção literária e cinematográfica sempre privilegiou os marcianos como representantes do protótipo do extraterrestre.

Alvo central da astrobiologia planetária, Marte, quando do início da era espacial, permanecia como o local privilegiado para a esperada transição do pluralismo de uma hipótese para uma disciplina científica. Dependente sobremaneira das variadas interpretações de sua mutável superfície, Marte detinha o que mais próximo havia de um consenso sobre a possibilidade de existência de vida extraterrestre.

Arthur Clarke esboçava, no início da década de 1950, no romance *Areias de Marte*, a concepção da terraformação, ou seja, a transformação de um planeta com o objetivo de adaptá-lo à habitação humana. Para tanto, seriam utilizadas, com a ajuda de um "sol artificial", as plantas que vicejariam naturalmente no equador marciano. O cinema tratou, incidentalmente, de tal possibilidade no final de *O vingador do futuro*, quando a atmosfera marciana sofre modificações induzidas pelo maquinário de extintos extraterrestres. Atualmente, cientistas planetários têm imaginado cenários para a terraformação marciana tendo em vista o assentamento humano permanente.

OS CANAIS

Apesar de geralmente desacreditados, os canais permaneciam como uma referência observacional. A oposição marciana de

1956, que atraiu a atenção de observadores amadores e profissionais em todo o mundo, trouxe à tona o tema dos canais. Regularmente, Marte, assim como os demais planetas exteriores, atinge uma posição de máxima aproximação e melhores condições de observação em relação à Terra. Nessa situação, conhecida como oposição, Sol, Terra e Marte encontram-se alinhados, com a Terra no centro deste alinhamento. Thomas Cave, em contraste com a maior parte dos astrônomos, afirmava que "mais de 50 canais foram observados ... Minha convicção é de que, nos melhores momentos de observação, eles pareciam perfeitamente retilíneos e bem definidos".

As observações dos canais, naquela época geralmente registradas em desenhos, eram bastante variáveis entre os astrônomos. Gerard de Vaucouleurs, um dos mais destacados areólogos (estudioso de Marte), ao discorrer sobre os resultados de suas inquirições telescópicas, concluía: "nunca vi qualquer coisa que pudesse me levar a acreditar na existência objetiva de uma rede geométrica e global de linhas estreitas e extensas, seja natural ou artificial."

Entre 1953 e 1954, William Carragan conduziu alguns experimentos, nos Estados Unidos, com a meta de verificar a ocorrência de ilusões ópticas no registro dos detalhes da superfície marciana. Carragan concluiu que havia uma tendência natural dos observadores em transformar, em suas mentes, linhas descontínuas em contínuas e pontos dispersos em áreas sombreadas, o que poderia significar que a rede de canais marcianos de Lowell decorre apenas de particularidades da percepção visual humana. A propósito, a percepção telescópica da rede lowelliana vinha sendo objeto de debates desde o início dos relatos.

A configuração retilínea dos canais artificiais em Marte foi assim comentada por Sagan, em 1971, quando da chegada da sonda automática *Mariner 9* àquele planeta: "Não há dúvida de que o aspecto geométrico das linhas é devido à inteligência. O único problema é saber de que lado do telescópio está a inteligência."

ASTROBOTÂNICA

A disposição geométrica dos planetas do sistema solar torna Marte o corpo celeste mais conveniente à observação telescópica terrestre, com a exceção evidente da Lua. Com sua atmosfera de CO_2, identificado por meio do espectroscópio em 1948, Marte, já se sabia antes das missões espaciais, não poderia conter água em estado líquido em sua superfície. Em conseqüência, não se esperava encontrar animais, mas, talvez, microorganismos e algum tipo de vegetação. Tal sugestão continua a atrair a atenção dos planetologistas — cientistas especializados no estudo dos planetas —, apesar das conclusões negativas das experiências biológicas das *Viking* em Marte.

O astrônomo amador inglês Patrick Moore, em 1954, afirmava que as áreas escuras de Marte seriam "extensões de vegetação". A confiança de Moore na existência de uma vegetação marciana era compartilhada por muitos astrônomos.

Evidência do interesse de Marte para muitos cientistas é dada pelo extenso trabalho do soviético Gabriel Tikhov. Diretor do Observatório de Alma-Ata e fundador, em 1947, do Departamento de Astrobotânica da Academia de Ciências do Casaquistão, Tikhov foi o mais importante defensor soviético da existência de uma biota marciana. Ao final da vida, dedicou metade de sua autobiografia ao nascimento de duas novas ciências, a astrobiologia e a astrobotânica, "filha da astronomia e da botânica", resultante quase que exclusiva de mais de três décadas de observação de Marte. O Departamento de Astrobotânica — apesar de sua curta existência — representou uma das raras instâncias de institucionalização da pesquisa de vida extraterrestre entre os anos 1920 e 1950.

A astrobotânica de Tikhov derivou de seus estudos sobre as propriedades ópticas da vegetação terrestre e de sua comparação com as observações das variações verificadas na superfície de Marte. Para isto, Tikhov dirigiu diversas pesquisas em plantas submetidas a condições climáticas rigorosas, aproximadas daquelas supostas em Marte, concluindo que algumas delas teriam seus congêneres em solo marciano.

SIMULACROS

Uma das maneiras de estudar uma suposta forma de vida extraterrestre é replicar as condições ambientais de outros planetas.

Assim, experimentos foram realizados no sentido de expor microorganismos a simulacros marcianos e, daí, verificar sua capacidade de sobrevivência. Alguns resultados positivos foram obtidos no início dos anos 1960.

Hubert Strughold, à frente de um grupo na Escola de Medicina Aeronáutica da USAF (United States Air Force ou Força Aérea dos Estados Unidos), realizou algumas simulações nesse sentido, na crença de que microorganismos presentes no solo poderiam sobreviver à exposição ao ambiente marciano, obtendo resultados favoráveis.

Essas pesquisas representaram um dos raros momentos em que a exobiologia transitou para a experimentação, se não em outros corpos celestes, ao menos de forma aproximada. O sucesso nesse tipo de experiência não implicava comprovação da existência de uma biota marciana, mas simplesmente na possibilidade de que certas formas terrestres resisitiriam, sob certas condições, na superfície daquele planeta. Por outro lado, os experimentos de Strughold representaram os albores da pesquisa exobiológica em organizações governamentais, em consonância com os interesses astronáuticos de preparação para a exploração espacial tripulada.

ASTROENGENHARIA EM MARTE?

Em 1959, o astrônomo ucraniano Iosif Shklovskii lançou uma hipótese que revitalizaria a concepção da existência de uma supercivilização marciana. Para Shklovskii, um dos pioneiros da radioastronomia soviética, as duas luas marcianas seriam artificiais, conclusão a que chegou partindo, principalmente, de um estudo do astrônomo norte-americano Bevan Sharpless sobre a aceleração secular do movimento do satélite Fobos. Sua sugestão foi recebida com bastante descrédito pelos demais especialistas, embora, segundo o próprio autor,

> mesmo se as observações futuras demonstrarem que a aceleração secular de Fobos é falsa, a análise efetuada guarda um interesse para o problema que nos ocupa. O propósito principal de nossa hipótese

é chamar a atenção sobre o fato de que a atividade de uma sociedade altamente organizada de seres racionais pode ter conseqüências cósmicas e deixar monumentos que sobreviverão por longo tempo à civilização que lhes engendrou.

Clyde Tombaugh, o último astrônomo a descobrir um planeta em nosso sistema solar, Plutão, considera que, além da existência de uma explicação natural para o movimento dos pequenos satélites, "estudos das condições físicas em Marte indicam que o planeta é decididamente desfavorável ao desenvolvimento de animais capazes de constituir uma civilização tecnológica".

Posteriormente, a frota norte-americana de sondas marcianas colocaria um ponto final na hipótese de Shklovskii, com a obtenção de imagens detalhadas de Fobos e Deimos. Curiosamente, antes de sua descoberta, em 1877, Jonathan Swift, nas *Viagens de Gulliver*, e Voltaire, em *Micrômegas*, haviam sugerido que Marte estava acompanhado por um par de luas.

Ainda mais extraordinária foi a hipótese imaginada pelo astrônomo soviético F. Zigel, propondo que Fobos e Deimos teriam sido lançados na órbita marciana entre os anos de 1862 e 1877. Embora errônea, a idéia de Shklovskii colocou em discussão, nos meios científicos, a possibilidade de existência de civilizações tecnológicas extraterrestres.

O INFERNO VENUSIANO

Alguns astrônomos, no século XIX, conceberam uma curiosa escala evolutiva para os planetas interiores do sistema solar. Imaginaram que Vênus, a "Estrela da Manhã", era um planeta jovem, habitado por formas de vida primitivas. A Terra representaria o planeta amadurecido e Marte, o mundo agonizante. No entanto, com os progressos da astronomia, tais idéias acabaram abandonadas.

Na década de 1920, já se sabia que não havia qualquer evidência de oxigênio ou vapor d'água na atmosfera de Vésper. Trinta anos mais tarde, o astrônomo Seymour Hess afirmava que "a alta temperatura da superfície e a escassez de H_2O e O_2 tornam bastante improvável que a vida como a conhecemos exista em Vênus". As perspectivas exobiológicas para Vênus eram, portanto, bem menos otimistas do que as marcianas.

Tikhov, ao contrário da opinião majoritária no meio astronômico, e adotando seus princípios de adaptabilidade generalizada da vida vegetal, ponderava, solitariamente, que "em Vênus, onde o clima é quente, as plantas têm coloração alaranjada".

Vênus é um ambiente altamente periculoso para qualquer ser vivo ou artefato, tanto que as sondas espaciais que lá aportaram mal resistiram à alta pressão da atmosfera e às temperaturas de 400°C. Um dos grandes trunfos da astronáutica soviética foi conseguir que uma astronave suportasse o pouso e obtivesse imagens da superfície. A mais recente investigação desse astro, feita pela sonda norte-americana *Magalhães*, utilizou-se de um radar para traçar um mapa completo da superfície. As missões espaciais desfecharam o golpe final nas especulações venusianas, como a de Bernardin de Saint-Pierre, que imaginava que "seus habitantes, de porte semelhante ao nosso, pois que habitam um planeta de mesmo diâmetro mas sob uma região celeste mais afortunada, devem dedicar todo seu tempo aos amores".

LUA

Naquela que é considerada uma das obras precursoras de ficção científica — *Somnium* — o astrônomo alemão Johannes Kepler imagina a Lua como um astro povoado. Os selenitas — habitantes de Selene, uma das denominações mitológicas de nosso satélite natural — de Kepler são criaturas adaptadas às peculiaridade locais, sendo denominados de Privolvanos e Subvolvanos. No mesmo século XVII, o bispo inglês Francis Godwin havia lançado seu personagem, Domingo Gonzales, além dos limites da atmosfera, impulsionado por cisnes amestrados! O método descrito pelo francês Cyrano de Bergerac era mais surpreendente, pois consistia em amarrar no corpo do intrépido viajante garrafas de orvalho matinal e aguardar o amanhecer, quando o Sol encarregar-se-ia de atraí-lo para o espaço. Tais relatos assinalaram a formação da ficção científica, gênero literário que firmou-se no século XIX e atingiu o apogeu de popularidade em nossa época.

Mesmo sendo carente de um envoltório atmosférico, a Lua motivou algumas especulações na comunidade astronômica a respeito de sua habitabilidade. As características superficiais, geralmente associadas a especulações astrobiológicas, são as chamadas faixas aristarquenas — faixas radiais que se espraiam a partir do centro de certas crateras. Alguns astrônomos, no século XX, relacionaram a observação de variações de luminosidade nesses locais ao crescimento de vegetação. Patrick Moore, um desses investigadores, assinalava que "em 1954, acreditou-se possível — ainda que improvável — que certos fenômenos inexplicáveis que aconteciam na Lua fossem devidos a algum tipo de atividade vital".

O astrônomo amador brasileiro Rubens de Azevedo, fazendo um balanço de trabalhos selenográficos relacionados ao tema, assume que "não podemos falar sobre a existência passada, presente ou futura de uma vida lunar, a não ser a vegetal. E essa mesma, assaz primitiva". Entretanto, a opinião paradigmática do meio científico era contrária a supor a ação biológica como causa de fenômenos na superfície do satélite.

Apesar disso, Joshua Lederberg e Dean Cowie sugeriram que o estudo da poeira lunar poderia servir para um teste experimental da panspermia de Arrhenius. O teste empírico sugerido poderia acontecer a partir do pouso na Lua de naves automáticas e tripuladas.

Resultados obtidos pela sonda *Clementine*, construída pelo Departamento de Defesa norte-americano para testes de detecção de mísseis, colocaram em pauta a possibilidade de existência de água congelada na superfície da Lua. Em 1998, a NASA anunciou que a espaçonave *Lunar Prospector*, lançada em janeiro do mesmo ano por um veículo *Athena II*, havia detectado formações de água congelada em crateras dos pólos lunares, num volume que pode variar de 10 a 300 milhões de toneladas. Tal descoberta pode servir de estímulo à retomada da exploração tripulada da Lua, ao facilitar o estabelecimento de colônias que poderiam beneficiar-se da água para seu abastecimento próprio, bem como da sua transformação em combustível de espaçonaves.

OS GIGANTES GASOSOS

Júpiter e os demais gigantes gasosos do sistema solar exterior foram freqüentemente considerados locais pouco adequados à origem e evolução biológicas. A razão é que, além de muito distantes do Sol, são compostos, basicamente, por um imenso envoltório atmosférico, que recobre um pequeno núcleo. Assolados por ventos velocíssimos, baixas temperaturas na atmosfera e um núcleo muito quente, astros como Júpiter, no entanto, dispõem de um grande estoque de compostos orgânicos.

Tikhov, assim como em relação à Vênus, é uma das exceções ao pessimismo dos astrônomos. Como o estudo espectroscópico dos gigantes gasosos havia revelado uma correspondência com o espectro do metano terrestre de origem orgânica, ele deduz que "há razão para acreditar que também existam microorganismos nos planetas gigantes". Embora sua especulação tenha encontrado pouca ressonância, alguns exobiólogos sugeriram mecanismos que poderiam viabilizá-la. Carl Sagan e E. Salpeter, por exemplo, idealizaram seres denominados flutuadores e caçadores, que seriam compatíveis com as características da alta atmosfera de um planeta jupiteriano.

CHZ

O conceito de CHZ (Continuously Habitable Zone ou Zona Contínua de Habitabilidade) ou HZ (Habitable Zone ou Zona de Habitabilidade), intensamente utilizado pelos exobiólogos para a avaliação de sítios de potencial biótico, recebeu um de seus primeiros detalhamentos com Hubertus Strughold. Para ele, "encontramos apenas numa estreita área ... as condições ecológicas favoráveis ao tipo de vida ora predominante na Terra (...) e que poderíamos denominar de ecosfera do sistema planetário" (ver FIGURA 6). Numa avaliação que ainda se mantém como a mais aceita, conclui que "a Terra situa-se na região mais favorável, e Marte e Vênus nos limites desse cinturão ecológico".

Nos últimos anos, a delimitação da zona de habitabilidade tem sido reavaliada, estendendo seus limites para além da órbita

6. Ecosfera.

de Marte. Uma hipótese para explicar a razão de nosso planeta ser o único membro confirmado da ecosfera solar afirma que as condições físico-químicas iniciais de Marte, Terra e Vênus eram muito semelhantes, diferenciando-se posteriormente devido à existência em nosso planeta de um mecanismo cíclico de controle da temperatura global, mantida dentro de parâmetros propícios à sobrevivência da biota. Esse *feedback* baseia-se no ciclo geoquímico dos carbonatos e silicatos, operando em períodos de aproximadamente meio milhão de anos.

Esse ciclo tomaria a seguinte forma: as chuvas retiram o CO_2 da atmosfera, provocando reação com os silicatos nas rochas; os íons de bicarbonato e cálcio liberados são levados pelas águas aos oceanos; lá são utilizados na construção de conchas de carbonato de cálcio, posteriormente depositadas nos leitos oceânicos; quando estes fluem para o interior da Terra e são expostos a altas temperaturas e pressões, os sedimentos libertam o gás para a atmosfera por meio de explosões vulcânicas.

Se, como supõem os modelos de evolução estelar, a intensidade da radiação solar era, há 4,6 bilhões de anos, um terço menor do que na atualidade, então a temperatura global da Terra seria proporcionalmente inferior. Nesse caso, supondo uma atmosfera inicial semelhante à atual, as chuvas ocorreriam em menor volume, o nível em que o CO_2 abandonaria a atmosfera seria proporcionalmente menor e assim por diante, até que o acúmulo de CO_2 na atmosfera acarretaria o aumento da temperatura global. No caso de um aumento de temperatura, o *feedback* negativo do nível de CO_2/temperatura global voltaria a operar com os mesmos efeitos gerais.

Desse modo, o fator fundamental é a massa planetária, capaz de gerar calor interno suficiente para colocar em ação a reciclagem do carbono. Planetas com a massa terrestre, situados na órbita marciana, poderiam manter uma biota estabilizada por longos períodos. Se a Terra não é climatologicamente única, o número de planetas capazes de abrigar vida é mais elevado do que o usualmente imaginado.

A QUANTIFICAÇÃO DAS ESTIMATIVAS

Em 1961, nos Estados Unidos, realizou-se, no Observatório de Green Bank, a primeira Conferência sobre Vida Inteligente Extraterrestre. Nela, foi elaborada a Equação de Drake, ou Equação de Green Bank, na tentativa de matematizar as avaliações exobiológicas. Poucos anos antes, Oparin e o astrônomo Vasilii Fesenkov relacionaram algumas probabilidades com o mesmo objetivo. Os elementos levados em consideração pela dupla soviética são:

a) órbita planetária;
b) idade e estabilidade estelares;
c) distância planetária;
d) massa planetária.

Ao estilo da Equação de Drake, poderíamos reconstruir estes fatores da seguinte forma:

"Nv = Ne x Fo x Fe x Fd x Fm", em que

'Nv' = número de planetas onde a vida pode ter surgido;

'Ne' = número de estrelas isoladas (não-múltiplas) em nossa Galáxia;

'Fo' = fração de estrelas com planetas situados em órbitas adequadas;

'Fe' = fração de estrelas com longevidade e estabilidade energéticas;
'Fd' = fração de estrelas com planetas situados a distâncias admissíveis;
'Fm'= fração de estrelas com planetas que possuem massa adequada.

Para Oparin e Fesenkov, as estimativas de "Nv" são:
"Nv = 3.10^{10} x 0,1 x 0,1 x 0,1 x 0,01 = 300.000

Admitindo uma cosmologia espacialmente infinita, deduziram que "deve existir um número infinito de planetas habitados". A contabilidade dos cientistas soviéticos já demonstra a tentativa de afastar do impressionismo e associar um viés científico aos estudos de vida extraterrestre através da adoção de projeções numéricas. Embora advirtam que o cálculo deve ser tomado com precaução, Oparin e Fesenkov usam-nos como forma de garantir à exobiologia o mínimo de respaldo quantitativo.

Outra avaliação, relativa a apenas um dos fatores envolvidos, emitida por Michael Briggs em 1959, postulava que 67% das estrelas de nossa Galáxia apresentam uma baixa rotação e que, portanto, estariam acompanhadas de planetas. O número total de sistemas planetários alcançaria a cifra de 100 bilhões, e, aplicando o princípio copernicano, teríamos um trilhão de planetas individuais na Via Láctea.

Hoyle, ao sustentar que as estrelas de baixa rotação são todas detentoras de sistemas planetários, conclui que o número destes chega a 100 bilhões. Parece procedente, portanto, ao astrofísico britânico, afirmar que "criaturas vivas devem ser, assim parece, comuns no Universo".

Também aplicando o princípio copernicano como base para suas estimativas, Harlow Shapley considerava, em 1958, que em nossa Galáxia poderíamos encontrar mais de 100 milhões de "domicílios de organismos muito desenvolvidos".

Otto Struve aquilatava na faixa dos 50 bilhões o montante de planetas na Galáxia e em 100 trilhões de trilhões o número total em todo o universo. As estimativas otimistas de Hoyle, Shapley e Struve, reconhecidamente, não estavam sustentadas em informações seguras. A avaliação do número de planetas na Galáxia conduz a uma das falácias pluralistas apontadas por Michael Crowe: a dos grandes números. Pois, se há bilhões desses corpos, argumenta-se, então certamente há vida extraterrestre. Entretanto, este é um *non sequitur*, pois a existência dos ETs não é afiançada pelo número de supostos planetas.

6. SURGE A SETI

> Não cessaremos a exploração
> E o fim de todo o nosso explorar
> Será chegar ao ponto de onde partimos
> E conhecer o lugar pela primeira vez
>
> T.S. Eliot

A astronomia norte-americana, a partir do final da década de 1950, tornou-se parte daquilo que o historiador da ciência Derek de Solla Price denominou *Big Science* — a ciência realizada através de grandes equipes, complexos laboratórios e investimentos maciços. Sinais evidentes desse processo, o radiotelescópio e a sonda espacial serão os instrumentos preferenciais da pesquisa exobiológica. Não foi por acaso que a SETI surgiu paralelamente ao início das atividades do NRAO (National Radio-Astronomy Observatory ou Observatório Nacional de Radioastronomia, também conhecido como Observatório de Green Bank), nos EUA, em 1960.

Esses desenvolvimentos viabilizaram o efetivo ingresso das especulações sobre vida extraterrestre no interior da pesquisa científica. Com a biologia, obtém-se uma via de acesso concreta às questões da natureza e da origem da vida, o que evita, ao menos em parte, uma discussão meramente verbal. A astronáutica e a radioastronomia acarretaram uma autêntica reviravolta nas concepções sobre o universo, tornando palpável e aprofundando o conhecimento dos céus via radioondas. A conjugação desses fatores na década de 1950 teve como resultante a passagem de uma "doutrina" da pluralidade dos mundos habitados a uma pesquisa acadêmica. Em menor grau, tomaram parte na conformação da exobiologia disciplinas como a lingüística (com a discussão sobre a criação de códigos universais de comunicação), a antropologia (com a busca dos determinantes especificadores da evolução hominida e humana), e a história (com o estudo da estrutura e evolução das civilizações). *Leitmotiv* teórico, a recepção de ondas eletromagnéticas marca o salto qualitativo que biparte a história, no século XX, das pesquisas sobre vida e inteligência extraterrestres.

Em 1959, a tentativa de comunicação com uma inteligência alienígena transitou para uma nova fase. No mesmo ano em que a *Luna 3* obteve as primeiras imagens do lado oculto de nosso satélite natural, os físicos Giuseppe Cocconi e Philip Morrison lançaram as bases contemporâneas da busca de radioemissões interestelares de origem artificial.

No mesmo ano, Frank Drake observava que "uma das mais interessantes possibilidades virá de nossa capacidade de detectar sinais de rádio de seres de outros planetas em distâncias interestelares ... Há 10.000 estrelas em até 100al da Terra, e muitas são similares ao nosso Sol. Se em planetas próximos a essas estrelas há seres tão avançados como nós, seria possível identificarmos a emissão de seus equipamentos de rádio".

Embora recebida inicialmente com ceticismo por radioastrônomos como Bernard Lovell, então à frente do poderoso Observatório de Jodrell Bank, a partir de 1960, com a realização do Projeto Ozma, a exobiologia passaria a ser fortemente orientada pela SETI, e, esta, seria, em essência, uma pesquisa de radiosinais.

A emissão e recepção de sinais de rádio codificados, em distâncias interestelares, como *modus operandi* básico da pesquisa contemporânea, alicerçou-se nas análises pioneiras efetivadas na primeira metade do século XX.

BUSCANDO COMUNICAÇÕES INTERESTELARES

Em "Buscando Comunicações Interestelares", artigo publicado na revista *Nature* em 1959, Cocconi e Morrison procuraram elaborar uma proposta de contato com uma inteligência extraterrestre que fosse coerente com o conhecimento da época e tecnicamente aplicável. Partindo da idéia da existência, em nossa Galáxia, de sociedades técnicas comunicativas, evoluídas em planetas pertencentes a estrelas do tipo solar, estas acabariam por utilizar o rádio como meio de contato interestelar. As civilizações extraterrestres próximas reconheceriam o Sol como um local privilegiado para o abrigo de formas de vida inteligente e nos enviariam sinais.

A análise da região do espectro eletromagnético mais adequada à comunicação levou-os à conclusão de que a linha dos 21cm, posteriormente batizada de "freqüência mágica", apresenta as melhores chances de representar uma escolha universal para o contato. Civilizações extraterrestres, tendo desenvolvido a radioastronomia, reconheceriam, tal como nós o fazemos neste momento, a universalidade dos 21cm. A seleção desta freqüência está associada a fenômenos físicos que se repetem em qualquer ponto da Galáxia.

Um dos mais delicados problemas é o do estabelecimento de critérios de artificialidade de uma emissão de rádio. Para a dupla de físicos, a origem inteligente seria averiguada pela identificação de relações matemáticas na série de sinais, tal como uma seqüência de números primos.

Cocconi e Morrison sugerem a verificação de suas idéias através de uma pesquisa em quatro estrelas — Tau Ceti, Epsilon Eridani, Epsilon Indi e Teta 2 Eridani — do tipo solar, em até 15al de distância.

Antecipando-se a futuras críticas, concluem que "o leitor poderia atribuir essas especulações completamente ao domínio da ficção científica. Alegamos que a linha de raciocínio anterior demonstra que a presença de sinais interestelares é inteiramente coerente com tudo o que conhecemos agora, e que se os sinais estão presentes, os meios para detectá-los estão atualmente à disposição" (ver FIGURA 7). A justificativa dessa pesquisa é, assim, apresentada numa perspectiva que seria repetida posteriormente "poucos irão negar a profunda importância, prática e filosófica, que teria a detecção de comunicações interestelares".

O conjunto de temas, guia da SETI, enuncia-se aqui sumariamente: a provável existência de civilizações análogas na Galáxia,

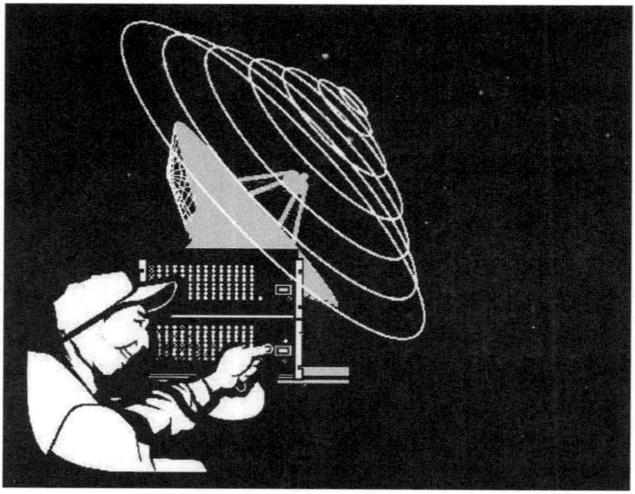

7. Esperando o primeiro contato.

a utilização da radiação eletromagnética, especialmente no rádio, como canal de comunicação e a postulação de impactos profundos para o homem como conseqüência de um contato.

PROJETO OZMA

A concretização de algumas das idéias de Cocconi e Morrison não se fez esperar. No biênio 1959-60, Frank Drake, então trabalhando no Observatório de Green Bank, lança-se à construção de equipamentos capazes de receber e decodificar sinais interestelares de origem artificial.

A pesquisa de Drake, no pioneiro Projeto Ozma, centrou-se em duas estrelas, Tau Ceti e Epsilon Eridani, escolhidas, aliás, independentemente da sugestão de Cocconi e Morrison. O nome do Projeto é uma referência à Ozma, princesa do Reino de Oz, criação de Frank Baum de largo sucesso na literatura e no cinema.

Astros próximos e assemelhados a nossa própria estrela tornaram-se os primeiros objetos celestes examinados cientificamente com um propósito exobiológico. Totalizando 400 horas, em quatro semanas de observação, Drake utilizou a antena de 26m do Observatório.

A condução de um projeto tão heterodoxo logo encontrou seus opositores. Leonard Ornstein, do Hospital Monte Sinai de Nova York, em correspondência à revista *Science*, advertia que, não havendo possibilidade de estabelecer comunicação com ETs física e intelectualmente distintos da espécie humana, "não se pode articular importantes argumentos para apoiar o Projeto Ozma".

A partir de 1960, multiplicam-se os artigos sobre o tema nas principais revistas científicas internacionais. Ao mesmo tempo, surgem grupos de cientistas voltados à detecção de civilizações extraterrestres, através do apoio e financiamento de organizações científicas nacionais (Fundação Nacional de Ciência, nos EUA, e Academia de Ciências, na URSS). Organizam-se simpósios, congressos e encontros, nacionais e internacionais, e o tratamento da questão passa a ser feito, basicamente, através da proposição de procedimentos científicos, experimentais e observacionais, e da abordagem matemática do problema.

Com Cocconi, Morrison e Drake, a exobiologia irá surgir a partir da restrição de uma questão ampla, ou seja, como sinônimo de radiodetecção de sinais interestelares de origem inteligente.

As supercivilizações de Dyson

O físico britânico Freeman Dyson lançou, em 1960, aquela que seria uma das mais discutidas concepções sobre ETs, bem como uma proposta observacional afastada do padrão rádio e da freqüência mágica.

Dyson, do Instituto de Estudos Avançados de Princeton, supõe a existência de ETs em estágios de desenvolvimento tecnológico situados milhões de anos à nossa frente. Os limites de expansão e controle do meio dessas superinteligências derivariam apenas da disponibilidade local de matéria e energia. Para tais civilizações seria possível, num prazo curto, o controle e a utilização de uma massa da magnitude do planeta Júpiter. Isso seria feito com a construção de uma gigantesca concha esférica, produto da reagregação de um planeta, capaz de absorver a energia solar (ver FIGURA 8). Essa atividade em larga escala, motivada pelo cresci-

8. Esfera de Dyson.

mento populacional, estimularia as espécies inteligentes à formação de biosferas artificiais ao redor de suas estrelas.

Conseqüentemente, a SETI deveria orientar-se para a observação, na região do infravermelho, de objetos localizados em estrelas binárias com supostos companheiros invisíveis.

A abordagem de Dyson parte de uma teoria sobre a natureza e a evolução de sociedades tecnológicas, com base em uma análise histórica (*nós*) e uma projeção futurológica (*os outros*). Extrapolando a partir do ritmo de desenvolvimento industrial em sua época, projeta velocidades de transformação e, logo, a expansão rumo ao espaço exterior como saída para necessidades impostas pelo crescimento econômico e populacional.

Essa tese futurológica remete à natureza e evolução de nossa própria sociedade, marcada pelo crescimento industrial acelerado e expansão planetária, num movimento que caracterizou a história do Ocidente nos dois últimos séculos. No núcleo da teoria de Dyson verifica-se a presença de uma forma particular de conceber as civilizações, seus ritmos e necessidades. A projeção daí decorrente é construída como uma extrapolação linear de certas peculiaridades locais e temporais (a história ocidental moderna), que, todavia, almejaria a universalidade da inteligência tecnológica.

A singularidade de sua hipótese decorre da sugestão de que a existência de inteligências extraterrestres implicaria a modificação do elenco de explicações admissíveis para os fenômenos astronômicos: às leis da física devem ser adicionadas as ações "cósmicas" da inteligência, capazes de gerar fenômenos de manipulação de matéria e energia em grande escala.

Shklovskii e Sagan, alguns anos depois, consideravam que o atual fluxo de ondas de rádio (claramente distinto da emissão natural de nosso planeta) e a colocação em órbita de satélites artificiais seriam sinais da "vida inteligente como um fator na escala cósmica".

A COMUNIDADE GALÁTICA

O ano de 1960 foi bastante produtivo para a exobiologia. Outro artigo importante, de autoria do radioastrônomo Ronald Bracewell, foi apresentado na revista *Nature*.

A originalidade de Bracewell consistiu em sugerir a busca de uma sonda extraterrena em nosso próprio sistema solar. Os ETs de Bracewell, em vista do elevado custo de transmissão radiotelescópica de mensagens codificadas para um grande número de estrelas, estariam enviando naves espaciais com transmissores de rádio (opinião contrária à maioria dos autores, que defendem a rádio SETI por suas virtudes econômicas). Admitindo-se a existência de uma "comunidade galática" conectando as civilizações técnicas, só as mais próximas, por razões práticas, estariam lançando naves automáticas para os planetas-alvos potenciais. Inicialmente, as naves espaciais extraterrestres procurariam contato repetindo nossos próprios sinais de rádio e televisão (ver FIGURA 9).

Partindo da premissa da universalidade cósmica das ciências físicas, e, portanto, da inteligibilidade mútua entre civilizações tecnológicas, Bracewell não vê maiores problemas na linguagem

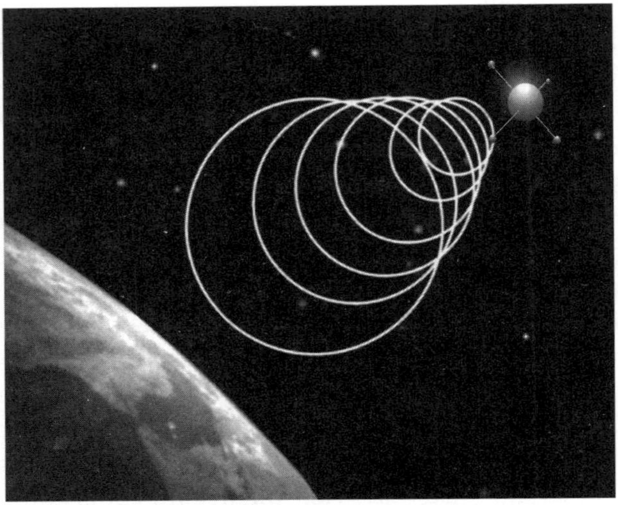

9. Sonda de Bracewell contactando a Terra.

utilizada no contato: "... as comunidades superiores através da galáxia já estão provavelmente interligadas numa cadeia de comunicações. Elas agiriam em concerto e evitariam a duplicação de pesquisa" (ver FIGURA 10).

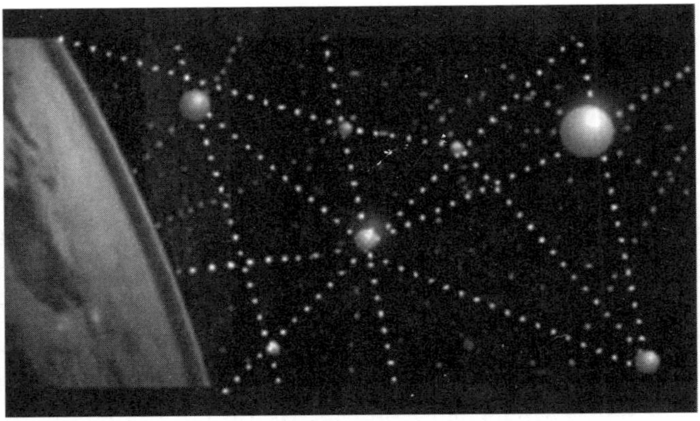

10. Rede intragalática de comunicação.

Se as civilizações escaparem à sua própria autodestruição, a distância da mais próxima "comunidade galática superior" seria de 100al e o seu tempo de vida de cinco milhões de anos. Com longevidade tão elevada, a viagem e a comunicação galáticas seriam plenamente realizáveis.

Dois temas enunciados em Bracewell merecem destaque por sua novidade (fora da ficção científica, naturalmente): a comunidade galática, reunindo inteligências tecnológicas interessadas no estabelecimento de laços cooperativos com sociedades emergentes, e a presença de sondas interestelares no sistema solar.

Bracewell desviou-se do que poderíamos denominar de "paradigma rádio", ao considerar mais provável que o primeiro contato seja efetivado através de uma nave automática.

Shklovskii e Sagan também especularam sobre a constituição de uma sociedade galática intercomunicante, com um *Codex* para regular suas relações: "A riqueza, diversidade e esplendor desse comércio, o intercâmbio da mercadoria e informações, de argumentos e artefatos, de conceitos e conflitos, devem continuamente estimular a curiosidade e ampliar a vitalidade das sociedades participantes." A colonização da Galáxia é, assim, imaginada como uma trajetória bastante plausível para as sociedades tecnológicas. Há, aqui, uma perspectiva que confere ao comportamento de hipotéticos seres um fenômeno marcante da cultura ocidental, em especial a moderna, i.e., a expansão e o controle crescente sobre a natureza e outras sociedades. Entretanto, tal fenômeno é considerado caracteristicamente humano, e não de culturas específicas, pois, "julgando por nosso próprio exemplo, há uma importante peculiaridade de formas avançadas de vida inteligente: elas lutam pelo controle ativo do universo".

A equação de Drake

Desde seu surgimento, a ciência moderna vem tentando transformar conceitos em números, silogismos em equações. Suspeita por tratar de entidades inexistentes — os extraterrestres —, a SETI tratou logo de criar sua própria quantificação: a Equação de Drake. A denominação é uma homenagem ao seu formulador original, Frank Drake, o mesmo que conduziu o Projeto Ozma.

Também é conhecida como Equação de Green Bank, em referência ao local e ocasião de seu estabelecimento, o encontro realizado no Observatório de Green Bank, em 1961.

A Equação de Drake pode ser disposta como:
"N = R x Fp x Ne x Fl x Fi x Fc x L"; em que
'N' = número de civilizações técnicas comunicativas na Galáxia;
'R' = ritmo médio de formação estelar na Galáxia;
'Fp' = fração de estrelas com sistema planetário;
'Ne' = número médio de planetas, por sistema planetário, ecologicamente apropriados à vida;
'Fl' = fração desses planetas onde a vida surgiu;
'Fi' = fração desses planetas onde se desenvolveu a inteligência;
'Fc' = fração desses planetas com o aparecimento de uma civilização técnica comunicativa; e
'L' = tempo médio de vida de civilizações técnicas comunicativas.

Ao contrário das equações com que nos deparamos na física, que exprimem relações quantitativas entre fenômenos da natureza, a Equação de Drake apenas sintetiza um encadeamento de estimativas de probabilidades de determinados fatores, relativamente arbitrários. Não há, desse modo, nenhum fenômeno que "obedeça" à Equação, pois sua finalidade é, através da transformação de certos argumentos em números, alicerçar uma previsão sobre a presença de civilizações técnicas comunicativas na Galáxia. Tanto os fatores que a constituem quanto a confiabilidade e as probabilidades assinaladas são pontos continuamente em discussão e refeitos em função de novas concepções. Para David Brin, o problema da Equação de Drake reside em que ela "não prediz nenhum evento observável".

E como os cientistas preencheram a equação? Um caso clássico de otimismo é apresentado por Shklovskii e Sagan, em seu best-seller *Vida inteligente no universo*. Seus números são:
"R" = 10 obtido pela divisão do total de estrelas da Galáxia pelo tempo de vida desta;
"fp" = 1 pois os planetas parecem ser um subproduto comum da evolução estelar;
"ne" = 1 padrão fornecido pelo sistema solar (Terra);

"fl" = 1 sob condições apropriadas, a vida desenvolve-se "inevitavelmente";
"fi" = 10^{-1} assinalado pelo desenvolvimento de uma única espécie inteligente na Terra;
"fc" = 10^{-1} deduzido do desenvolvimento de nossa civilização tecnológica, dentre outras da história de nossa espécie.

Logo, "N = 10^{-1} x L". A conclusão indica que surge uma civilização a cada 10 anos na Galáxia, e que, portanto, as civilizações com as quais poderíamos entrar em contato seriam mais avançadas que a nossa. Se o tempo de vida de uma civilização é da ordem da dezena de milhões de anos, então encontraremos pelo menos um milhão de inteligências espalhadas pela Galáxia. A distância mais próxima situa-se na casa das centenas de anos-luz.

O produto final da equação dependerá fundamentalmente de "L", pois as perspectivas astronômicas e biológicas são assumidas como claramente favoráveis.

A estimativa de Shklovskii e Sagan, embora reconhecidamente subjetiva, aponta para um universo constituído por um número de civilizações técnicas comunicativas que justificariam os atuais projetos SETI: "nesta perspectiva pode ser útil tentar detectar sinais de rádio interestelares pelos métodos do Projeto Ozma". O valor de "L" expressa uma esperança de que as civilizações avançadas evitem a autodestruição e subsistam por períodos geológicos de existência, pois a média de 10 milhões de anos está mais próxima de uma medida geológica do que da nossa escala histórica.

O otimismo da avaliação saganiana significa, para o astrônomo francês Evry Schatzman, que "esta visão das civilizações extraterrestres é, de fato, a projeção sobre o universo de uma visão utopista cujas raízes se encontram nas sociedades perfeitamente organizadas do gênero da *Utopia*, de More, ou da *Cidade do Sol*, de Campanella".

CONFLITO NUCLEAR E INTELIGÊNCIA EXTRATERRESTRE

O número de junho de 1947 do *The Bulletin of the Atomic Scientists* trazia em sua capa, pela primeira vez, o desenho de um relógio. O "Relógio do Juízo Final", como passou a ser conhecido, esteve presente no *Boletim* até meados dos anos 1960, marcando, simbolicamente, a possibilidade de uma guerra atômica — seu ponteiro maior permanecia sempre no 12, enquanto o menor aproximava-se à medida que a situação mundial deteriorava. A Guerra Fria — o estado de tensão militar e diplomática entre a União Soviética e os Estados Unidos que vigorou a partir do final dos anos 40 — criou a expectativa de uma aniquilação global da vida terrestre por um conflito nuclear entre as superpotências. Os leitores de histórias em quadrinhos conhecem o "Relógio": ele está estampado nas capas da série *Watchmen*, de Alan Moore e Dave Gibbons, avançando insensivelmente para a meia-noite dos tempos.

Mesmo em um assunto aparentemente tão desligado do cotidiano, como a exobiologia, os efeitos psicológicos de um contexto mundial potencialmente ameaçador refletiram-se em projeções sobre uma curta duração de sociedades tecnológicas. Sebastian Von Hoerner ponderava que a comunicação interestelar seria pouco provável, pois a autodestruição aniquilaria as inteligências que atingissem o domínio nuclear.

O interesse dessa previsão para a SETI é claramente sintetizado por Von Hoerner, pois "não se pode conceber um adequado sistema de recepção sem alguma estimativa desse tipo". Da estimativa do tempo de existência de uma inteligência depende o conhecimento da distância média entre as civilizações técnicas e, portanto, se a tecnologia atual é capaz de detectar os ETs.

A estimativa de Von Hoerner para o fator "L" da Equação de Drake, na ordem dos milhares de anos, é uma das mais pessimistas da literatura. Com um pequeno número de civilizações em relação ao número total de estrelas, a SETI deve vasculhar continuamente todo o céu. Os ETs, da mesma forma (e ao contrário da idéia de Cocconi e Morrison), não estariam enviando mensagens direcionadas ao Sol.

Os sociólogos soviéticos Modrjinkaia e Stépanian rejeitaram as hipóteses pessimistas da autodestruição humana, pois significam "a transposição mecânica das contradições do mundo capitalista para o cosmo". A suposição dos soviéticos, entretanto, alimentada pela combinação da perspectiva tsiolkovskiana com o otimismo sobre o futuro comunista da humanidade, era tão comprometida ideologicamente quanto a dos, por eles denominados, "sábios burgueses".

Von Hoerner imagina que um efeito de *feed-back* poderia ampliar o tempo médio de existência de uma civilização tecnológica. O efeito retroalimentador implicaria ou o aumento de "L", devido ao estabelecimento de um contato, ou o desinteresse pela SETI, no caso de frustração das pesquisas. No primeiro caso, "isso tenderia a manter o interesse em um longo período de tempo e poderia mesmo levar civilizações a uma colaboração mútua para a resolução de problemas e crises". O móvel principal da SETI é a "nossa oportunidade de aprender com eles". Uma das razões dessa conclusão é a estimativa de que é mais provável encontrarmos, pelo radiocontato, civilizações mais antigas e mais desenvolvidas cientificamente.

A deflagração de uma guerra atômica planetária poderia, segundo Butler, servir como meio de detecção de atividade técnica na Terra, embora tal reconhecimento seja difícil até mesmo à distância de poucos parsecs.

Para Dyson, caso a inteligência se configure genericamente como "destrutiva", os ETs podem vir a expandir-se na Galáxia como um "câncer tecnológico".

Biologia e exo-biologia

Com a publicação do artigo "Exobiologia: aproximações à vida além da Terra", em 1961, o geneticista norte-americano e Prêmio Nobel de Medicina e Fisiologia de 1958 Joshua Lederberg coloca em circulação na literatura técnica o novo termo "exobiologia". Outras designações podem ser encontradas, tais como xenobiologia, xenologia, bioastronomia, cosmobiologia e astrobiologia, bem como derivações como astrobotânica, exossociologia e exopaleontologia.

Lederberg, ao conceber um laboratório exobiológico para sondas planetárias, sintetiza o suporte que a biologia forneceria à formulação de sua extrapolação extraterrestre. A utilização dos veículos espaciais na concretização observacional/experimental de teses exobiológicas seria efetivada 15 anos depois, em Marte.

John Bernal, em seu clássico historiográfico *Ciência na história*, avalia a viabilidade de constituição de uma "biologia comparativa", formulada a partir dos estudos de vida extraterrestre. A biologia comparativa de Bernal ostenta um duplo interesse: científico, ao refletir-se sobre a resolução do problema terrestre da origem da vida, e filosófico, ao relacionar os conceitos de origem, estrutura e função e fornecer os elementos para instituir uma teoria geral da vida, ao modo da teoria marxista da sociedade.

Esses dois estudiosos da biologia (embora Bernal seja físico por formação), colocam-se em posição oposta, em diversos pontos, àquela que George Simpson, em 1964, apontaria como característica dos "evolucionistas". Ambos não apenas sustentam a continuidade da pesquisa na área, como também projetam um profundo impacto cultural daí decorrente.

LASERS E SETI

Os filmes de ficção científica, dos *blockbusters* como *Guerra nas estrelas* aos típicos *trash* das sessões vespertinas de televisão, invariavelmente apresentam heróis e vilões lutando com lasers, os "raios da morte" e "sabres de luz".

A busca de um caminho alternativo às idéias sobre comunicação interestelar levou os cientistas Robert Schwartz e Charles Townes, em 1961, à idéia de utilização de masers ópticos. Charles Townes, a propósito, foi um dos criadores das tecnologias laser e maser, alguns anos antes, o que acabou lhe proporcionando o Prêmio Nobel de Física em 1964. Essa concepção teria uma justificativa não apenas técnica, ao ponderarem que em virtude de um "acidente" histórico impediu-se o desenvolvimento de masers ópticos e infravermelhos, e que, portanto, outras civilizações poderiam ter invertido nossa evolução tecnológica, tendo construído em primeiro lugar equipamentos para masers e depois para o rádio. O dispositivo permitiria o contato em distâncias da ordem de dezenas de anos-luz.

A proposta de Schwartz e Townes, no entanto, não vingou. O pensamento predominante entre os artífices da SETI pode ser expresso nas palavras de Bernard Oliver: "De fato, se os lasers tivessem sido conhecidos por séculos e as microondas tivessem sido descobertas apenas recentemente, as microondas teriam sido saudadas como a resposta longamente procurada à comunicação interestelar." O predomínio das microondas caracterizou toda a SETI até a atualidade.

O infravermelho, como outra via para a comunicação interestelar, seria proposto por Lawton uma década após o artigo de Schwartz e Townes.

ELETROCENTRISMO

A utilização das ondas eletromagnéticas como forma de obter o primeiro contato é um lugar-comum da pesquisa SETI. Mas, talvez, como advertem Robert Ascher, da Universidade Cornell, e Marcia Ascher, do Ithaca College, esse autêntico "eletrocentrismo" poderia representar apenas uma escolha específica de nossa cultura, pois o atual estágio técnico humano não implica, necessariamente, que este seja o mais desenvolvido para qualquer ET.

Resultante tanto de sua velocidade elevada (a mais alta possível) quanto da concentração da energia em pequenas áreas, o uso da radiação eletromagnética parece ser a escolha mais racional, segundo os conhecimentos científicos presentes. A restrição a determinada faixa de comprimentos de onda relaciona-se a sua dispersão e absorção pelo meio interestelar e as atmosferas planetárias. Temos, então, que: comprimentos de onda maiores do que 300m são absorvidos pelo meio interestelar; apenas comprimentos de onda menores do que 10m atravessariam as ionosferas planetárias; uma atmosfera do tipo terrestre absorveria comprimentos de onda ao redor e menores do que 1cm; o ruído de rádio galático é predominante a partir de 30cm; a rádio emissão térmica das moléculas da atmosfera terrestre interfere a partir dos 3cm. A resultante dessas várias restrições físicas corresponde à região situada entre 3cm e 30cm. Vemos, portanto, que há fatores de ordem natural que levam os cientistas a sintonizar certas freqüências cósmicas, independentes até mesmo do nível tecnológico da civilização sinalizadora.

VÊNUS HUMANIZADA

Nos anos 1960, foram esboçados os primeiros projetos de "astroengenharia", ou "engenharia cósmica". Carl Sagan, em 1961, sugeriu, num artigo sobre Vênus, a transformação deste planeta, através de uma antropomorfização. Sagan vislumbrava uma engenharia planetária microbiológica: para adequar o planeta à habitação humana, concebia mudanças na composição, pressão e temperatura de sua atmosfera, usando, para isto, algas. Para Sagan, a exobiologia, vinculada ao sistema solar, interligava-se à astronáutica, num objetivo comum de alteração deliberada de um objeto astronômico, com um fim estritamente humano: tornar Vênus, a longo prazo, um sítio adequado à colonização por nossa espécie.

Uma ação dessa natureza tem claras implicações éticas, ao admitir que uma espécie (a nossa) tem o direito de interferir e mudar a natureza de outros planetas.

AS CIVILIZAÇÕES DE KARDASHEV

Uma das mais influentes teorizações originadas no outro lado do Muro deveu-se ao astrofísico soviético Nicolai Kardashev. Sua criação de um sistema classificatório de civilizações extraterrestres foi um dos passos iniciais na elaboração de uma exossociologia — o estudo geral das sociedades, terrestres e extraterrestres. O marxismo, conjugado à análise exobiológica, levou alguns cientistas soviéticos à procura de leis gerais do desenvolvimento das sociedades técnicas.

Da mesma forma que Freeman Dyson, para Kardashev a distinção entre civilizações tecnológicas reside em seu estágio econômico, sobretudo no consumo energético total. As civilizações são distribuídas nos seguintes tipos:

I) consumo energético de ± 4 x 10^{19} erg/seg (civilização atual);
II) consumo de 4 x 10^{33} erg/seg (utilização completa da energia solar, como na "esfera de Dyson") (ver FIGURA 11);
III) consumo de 4 x 10^{44} erg/seg (utilização total da energia emitida por uma galáxia, 4 x 10^{33} x 10^{11} sendo de 10^{11} o número total de estrelas na Galáxia).

11. Civilização II de Kardashev.

A humanidade atingiria, à taxa anual de crescimento de 3% a 4%, o nível II em 3.200 anos e o nível III em 5.800 anos. O astrofísico soviético assume uma projeção linear do estágio atual das sociedade industrializadas, em função da qual constrói seu modelo.

A expansão para o espaço exterior configura-se como um estágio na história das sociedades tecnológicas, quaisquer que sejam suas biologias e psicologias. Os modelos de Dyson e Kardashev parecem derivar de um etnocentrismo das sociedades industriais, pois as outras sociedades tecnológicas na Galáxia acabariam por apresentar um paralelismo histórico conosco. O filósofo Nicholas Rescher faria, mais de uma década depois, uma nota de advertência a tais modelos, lembrando que "no conhecimento e, mesmo na evolução 'científica', não estamos lidando com um caminho de mão única, mas com uma complexa rede conduzindo a muitos destinos mutuamente remotos".

Como parece plausível à espécie humana atingir os estados II e III, Kardashev sugere o direcionamento da SETI para essas civilizações, ao contrário das investigações usuais, voltadas ao tipo I.

As idéias de Kardashev e Dyson demonstram como a proposição de testes experimentais deriva da elaboração de um modelo geral das sociedades técnicas. Após estabelecer alguns critérios de artificialidade de fontes de radiação, Kardashev sugeriu que os objetos CTA 102 e CTA 21 poderiam resultar das atividades de uma supercivilização. Kardashev também foi um dos poucos cientistas que apontou um objeto exterior ao sistema solar como sendo, possivelmente, de natureza artificial e, além disso, caracterizado por uma atividade em larga escala. Ao contrário de idéias anteriores, avança-se agora no sentido de imaginar a ação de uma "engenharia cósmica", de forma a realizar alterações materiais de grande magnitude.

CONTRA-ATAQUE

O paleontólogo norte-americano George Gaylord Simpson, um dos mais destacados evolucionistas de seu tempo, tornou-se, em 1964, o paladino do singularismo, com um ataque sistemático aos esperançosos exobiólogos e aos seus programas SETI.

É de Simpson a mais virulenta condenação da exobiologia, por esta não ter ainda demonstrado a existência de seu objeto de estudo. Em termos acadêmicos, Simpson condena o tratamento de um assunto de evolução orgânica e sistemática — a exobiologia — por especialistas de outras áreas, como os astrônomos. A legitimidade da exobiologia, portanto, repousaria numa base frágil, derivada de uma deformação em sua constituição.

A exobiologia apresenta três questionamentos: natureza, evolução e localização de formas de vida. Quanto ao primeiro problema, Simpson sugere a bipartição dos fenômenos vitais entre conhecidos e desconhecidos (compostos por elementos químicos multivalentes além do carbono, em algum outro meio líquido).

Se a "vida desconhecida" fosse encontrada, deveria ser classificada como uma terceira configuração (além da vida e não-vida atuais); entretanto não há evidências de que ela seja sequer possível. Logo, o debate deve circunscrever-se ao tipo de vida conhecido, com similaridade biofísica e bioquímica.

Como não há observação direta de outros sistemas planetários, a suposição de que eles existam aos "milhões" extrapola os limites do conhecimento científico. No sistema solar, "não há, então, evidência clara de vida" em qualquer lugar. Como a evolução não pode ser replicada e não tem uma meta final, não se deve imaginar que a vida em outros planetas tenha ocorrido como na Terra. Ao contrário do que pensam alguns astrônomos, o aparecimento de uma inteligência humanóide é improvável e a comunicação com seres semelhantes é apenas um "sonho". Simpson conclui que, embora seja provável a existência de vida em outros sistemas solares, é improvável a comunicação com um ET.

A crítica de Simpson desdobra-se em múltiplas frentes. Seu ataque epistemológico exclui a exobiologia do conhecimento científico. A análise simpsoniana passa pela idéia de que "a honestidade científica exigiria que não se afirmasse nada que não estivesse provado", como asseverava o filósofo da ciência Imre Lakatos, referindo-se aos "justificacionistas". Ora, a inexistência de qualquer comprovação sobre vida extraterrestre constitui a base sobre a qual Simpson nega sua aceitação entre as ciências. Enquanto a "base empírica" não fosse fornecida pelos defensores da exobiologia, a situação de seus estudos permaneceria em xeque.

Por fim, Simpson delineia uma sociologia da exobiologia. Os praticantes da exobiologia, ao alocarem, injustificadamente, verbas de pesquisa e apresentarem-se como ideólogos da exploração espacial, afastam-se dos cânones do pesquisador. Os biólogos, envolvidos nessa área, seriam, assim, "ex-biólogos", agora convertidos em "exobiólogos".

Simpson demarca a formação, embrionária, de uma escola que se opõe às afirmações pluralistas — o singularismo. Simpson seria um representante da posição anti-SETI, pois é para a oposição a estes programas que sua atenção volta-se com maior intensidade. Como deixa claro, não nega a possibilidade de vida extraterrestre, mas sim a relevância e o modo de condução da pesquisa.

Entretanto, os recursos alocados à SETI até 1964, ao contrário do que diz Simpson, não foram significativamente elevados. Da mesma forma, as sondas interplanetárias lançadas na década de 1960 não tiveram na observação e na experimentação exobiológica seus objetivos principais.

O BURACO D'ÁGUA

Até 1963, a maior parte das análises concentrava-se nos 21cm. Nesse mesmo ano, ocorre a primeira detecção no espaço sideral do radical hidroxila (OH), na radiofonte Cassiopéia A, em 18cm. O intervalo entre o hidrogênio (H) e a hidroxila (OH) determinará a famosa região do "buraco d'água" (H + OH = H_2O) da comunicação interestelar, mais uma sugestão para encontrar a agulha inteligente no "palheiro cósmico".

Drake, em 1970, rejeitava a "primitiva hipótese" dos 21cm, devido à descoberta de outras linhas de emissão do hidrogênio. Assim, não existiria um ponto de encontro cósmico no radioespectro. Apesar disto, é possível assinalar a região dos 3cm aos 30cm como a mais adequada à comunicação interestelar, por razões ligadas ao custo de transmissão e aos ruídos de fundo. Além disso, dentro dessa região do espectro eletromagnético, é possível receber, com os radiotelescópios atuais, sinais de até 1.000al de distância.

ETS E HUMANÓIDES

A escolha casual de um filme de ficção científica provavelmente resultaria em assistirmos a algumas cenas de lutas entre intrépidos homens e mulheres vestidos com roupas prateadas e extraterrestres... curiosamente semelhantes a seus adversários. Cyril Ponnamperuma, da Universidade de Maryland, apresentaria conclusões semelhantes ao retomar outro biólogo, Cyril Darlington, pois "se algum dia aterrisássemos em algum outro lugar do universo, não deveríamos ficar surpresos se fôssemos recebidos por seres com 5 1/2 pés de altura e dois olhos frontais, porque há uma vantagem nesta postura". Tal especulação, entretanto, por assumir uma teleologia na evolução, sempre foi fortemente atacada no decorrer dos debates exobiológicos.

O antropólogo norte-americano Loren Eiseley examinou a questão da repetibilidade física do homem em formas de vida extraterrestres. Tomando por base os princípios da evolução darwinista e da idade do universo, Eiseley deduz que "os princípios biológicos por eles estabelecidos [referindo-se a Darwin e aos seus seguidores] eliminaram de vez a possibilidade de os nossos descendentes, nas próximas décadas, estabelecerem relações com homenzinhos vindos de Marte".

Marvin Minsky, assumindo o "chauvinismo" da forma humana, em oposição a análises como a de Eiseley, defende a alta probabilidade da presença de características humanóides em ETs. Em relação à natureza intelectual dos ETs, Minsky aponta a necessidade de qualquer inteligência realizar determinadas operações (comparação, contagem etc..), o que favoreceria a perspectiva de comunicação. Chega até mesmo a estabelecer um patamar mínimo para a configuração da inteligência, utilizando-se para tanto do número de neurônios, situado ao redor do milhão.

A crença na existência de outras *humanidades* no espaço deixa de lado o aspecto casual do processo evolutivo, retomando, desse modo, a visão estóica de uma palingenesia cósmica — o eterno retorno da História.

PLANETAS HABITÁVEIS

Stephen Dole, engenheiro da RAND Corporation, publicou, em 1964, o primeiro tratamento detalhado da questão dos possíveis "planetas habitáveis" — pelo homem, naturalmente. Escrito para a USAF, a obra de "exobiologia aplicada" de Dole analisa os problemas que começavam a ser postos em pauta por projetos de exploração e futura colonização planetárias.

O objetivo de Dole, diferentemente da Equação de Drake, é estimar o número de planetas habitáveis em nossa Galáxia. Um dos objetivos da exploração espacial é "encontrar novos planetas habitáveis", pois "segundo o aumento da população, haverá incentivos sempre crescentes para a emigração à próxima fronteira". A "próxima fronteira", a espacial, foi, como vimos com Dyson, imaginada como solução para conflitos sociais. A expansão pela Galáxia é o "destino humano", e "a futura história humana poderá ser escrita entre as estrelas".

Para que um planeta, do tipo terrestre, possa abrigar formas de vida, é preciso um intervalo de tempo para que surja uma atmosfera, formem-se oceanos, e compostos químicos ali dispersos possam propiciar o surgimento da vida. Ainda é necessário que, nesse período, estimado entre dois e três bilhões de anos, o planeta receba radiação constante de sua estrela.

Para calcular o número de planetas habitáveis na Galáxia ("Nhp"), Dole estabelece uma equação, semelhante à de Drake, concluindo que esse total atinge a mais de 600 milhões.

Um detalhe da abordagem de Dole deve ser salientado, na medida em que estabelece uma nova possibilidade (teórica) para o total de planetas habitáveis. Se, de modo geral, tendia-se a excluir os sistemas estelares binários como apropriados ao abrigo de tais planetas, Dole, em contrapartida, afirma que "todos os sistemas de estrelas binárias (conjuntos duplos espectroscópicos), que estão pouco espaçados, poderiam possuir planetas habitáveis e que, dentre os conjuntos duplos visíveis, são raros os que estão espaçados de forma a evitar a existência de uma ecosfera normal". Esta conclusão de Dole amplia as possibilidades de localização das ecosferas — áreas potencialmente habitáveis.

Analisando o entorno astronômico ao Sol, Dole estima que, num raio de 22al, a probabilidade da presença de um planeta habitável atinge a cifra de 43%.

O LIVRO

Em 1966, Iosif Shklovskii e Carl Sagan publicaram *Vida inteligente no universo*. Sintetizando os principais argumentos da escola pluralista, tornou-se, com o passar dos anos, um dos principais guias exobiológicos, tendo sido traduzido em diversas línguas.

Sua elaboração se deu em decorrência de acréscimos sugeridos por Sagan à tradução do livro *Vselennaia, Zhizn, Razum* (Universo, Vida, Razão), publicado em 1963 por Shklovskii, na URSS.

A obra de Shklovskii e Sagan, tanto por tratar de forma semitécnica a maioria dos temas exobiológicos quanto por sua apresentação atraente, parcialmente dialogada, tornou-se a referência-padrão para os debates. A concepção pluralista e o otimismo quanto ao futuro da SETI certamente podem ser considerados como representativos de um momento histórico desses estudos, os anos 1960, na medida em que representavam uma fração expressiva dos cientistas relacionados à exobiologia e temas correlatos.

HÁ VIDA INTELIGENTE NA TERRA?

Já se tornou lugar-comum em nosso cotidiano a imagem do globo terrestre visto do espaço, obtida por satélites em órbita a 36.000km de distância. Se imaginarmos um observador extraterrestre, ao redor de nosso planeta, a essa mesma distância, como saberia ele se a Terra é habitada por uma espécie inteligente? Isso só poderia ser claramente demonstrado com um equipamento imageador — como uma câmera a bordo de um satélite — que atingisse uma resolução capaz de detectar as alterações que o homem produziu na superfície do planeta.

Sinal inequívoco da civilização terrestre, para um hipotético observador situado em Marte, só seria dado através de um radiotelescópio, pois, nesse caso, a emissão seria distinta da natural. A aplicação desse raciocínio era clara para os astrônomos pluralistas. Como o nível de resolução fotográfica da sonda *Mariner 4*, que se aproximou de Marte em 1965, situou-se ao redor de alguns quilômetros, os resultados obtidos (negativos, para a presença de vida) não foram decisivos. No entanto, como adverte o filósofo Regis Jr., a "política oficial" dos defensores da SETI reza que "ausência de evidência não é evidência de ausência". Regis Jr. aponta, com razão, que os resultados negativos não se refletem sobre as concepções dos pluralistas. Isso, naturalmente, torna problemática a defesa da cientificidade da exobiologia, pois seus mais ardorosos proponentes costumam gerar argumentos *ad hoc* para protelar a contestação a suas proposições.

Portanto, a convicção dos pluralistas, como Shklovskii e Sagan, é de que "o problema pode ser tratado de forma responsável se as suposições envolvidas forem explicitamente estabelecidas e se utilizar de modo eficiente o método científico". Não afirmam, portanto, cristalinamente, a cientificidade da exobiologia, mas sim a "significação" da colocação de problemas. Nesse sentido, poderíamos voltar às palavras do primeiro capítulo de sua obra conjunta: "Não se conclui, contudo, que as investigações sobre inteligência extraterrestre sejam cientificamente supérfluas ...". Essa sentença remete a um artifício verbal comum em alguns pluralistas, analisado por Crowe, e que se constitui no uso da dupla negação. Como a afirmação clara e sonante de que a exobiologia já é uma ciência seria altamente problemática, afirma-se que "não" se pode concluir que "não" seja uma ciência...

A futurologia de Clarke

Nos anos 1960, a futurologia — a suposta ciência da predição dos rumos vindouros das sociedades — tornou-se bastante popular, com seus próprios profetas, como Hermann Kahn, do Instituto Hudson. Arthur Clarke, além de célebres romances e contos de ficção científica, redigiu, na mesma época, um tratado de futurologia, *Perfil do futuro*. Nele, o ficcionista inglês situa o primeiro encontro com um ET entre os anos de 2090 e 2100, após a concretização do vôo interestelar e do "transmissor de matéria" (*à la Jornada nas estrelas*). Na década de 1960, os gigantescos investimentos das superpotências na corrida espacial e os rápidos resultados então alcançados levaram os entusiastas da exploração da "última fronteira" a prognósticos otimistas sobre a conquista de outros mundos. Infelizmente, o ritmo da pesquisa espacial foi desacelerado e parece muito pouco provável que o século XXI assista à proeza de uma viagem interestelar. Quanto à previsão do primeiro contato, permanece envolta nas sombras de décadas de procura improdutiva.

INTELIGÊNCIA

Moeda corrente entre muitos pluralistas, a idéia da existência de uma tendência para o crescimento cerebral implicaria que a inteligência seria favoravelmente selecionada no decorrer do processo evolutivo. O fator "fi" da Equação de Drake teria, em conseqüência, um valor unitário (ou próximo a este). O argumento da inevitabilidade do surgimento da inteligência é estendido ao aparecimento de sociedades técnicas comunicativas. Compreende-se melhor tal posicionamento ao se verificar que em suas especulações não há maior lugar para as variações na história das sociedades inteligentes. Desse modo, MacGowan e Ordway indicam que, "quando seres possuindo inteligência suficientemente elevada evoluírem, irão, cedo ou tarde, desenvolver uma compreensão tecnológica, que deverá levar rapidamente ao desenvolvimento de poderosas máquinas processadoras de informação". Pode-se, portanto, de acordo com esse silogismo, traçar uma linha de continuidade interligando o desenvolvimento da tecnologia atual à evolução geral das espécies, o que explicaria sua extrapolação aos computadores.

Contudo, o que a história humana, assim como a própria evolução, demonstra, é a imensa gama dos caminhos possíveis. Se tomarmos a história de nossa espécie, em toda a sua extensão, a multiplicidade de adaptações locais é a regra geral. Não se pode, portanto, estabelecer relações lineares e imediatas entre a evolução biológica e social, inserindo-as em categorias pré-determinadas, sob o risco de perder a riqueza da variedade. O biólogo Stephen Jay Gould tem sido um tradicional defensor da concepção da biologia como uma disciplina histórica, portanto pouco afeita à teleologia.

PROBABILIDADES

Uma das críticas de Michael Crowe aos pluralistas diz respeito à utilização errônea do conceito de probabilidade na exobiologia. A insuficiência de informações comparativas — com outras formas de vida e inteligência — solaparia a base desse tipo de raciocínio, que necessita de um conjunto de casos conhecidos para estimar a probabilidade de nova ocorrência do fenômeno estudado. Terrence Fine, da Universidade Cornell, retornou ao problema na Conferência de Byurakan, em 1971, atribuindo à exobiologia a alternativa de se firmar numa probabilidade "subjetiva", baseada na avaliação introspectiva do analista. Ao contrário deste último, Ross Ashby, um dos criadores da cibernética, rejeita a utilização do conceito de probabilidade na avaliação numérica da possibilidade de existência de vida em Marte, pois, nesse caso, não há uma distribuição de freqüências que sustente a estimativa. Se a posição de Ashby fosse aplicada à Equação de Drake, esta seria imediatamente desestruturada, pois não há qualquer repetição de eventos para a maior parte de seus fatores.

EXOSSOCIOLOGIA

S. Kaplan, do Instituto de Radiofísica da Universidade de Gorki, forjou um termo que veio a cunhar uma das primeiras ramificações da exobiologia: a "exossociologia", definida como o estudo científico de sociedades extraterrestres.

O problema fundamental da exossociologia, na análise de Kaplan, relaciona-se à descoberta das leis gerais do desenvolvimento de civilizações, entendidas como sociedades inteligentes. A busca da construção de uma teoria geral das civilizações, nesse caso, é derivada do marxismo, tomado como ciência da evolução social.

Quanto à sua concretização (ou seja, a forma de torná-lo operacional), a primeira barreira que se interpõe ao exossociólogo reside na dificuldade em extrapolar intervalos de tempo maiores que os da história humana, i.e., aqueles imagináveis para as supercivilizações, pois isso acarretaria a "explosão" de alguns índices socioeconomicos, como os de população e consumo energético.

Dessa forma, apresentam-se três vias para o exercício da exossociologia: abordagem exobiológica (informações sobre formas de vida proteicas), preditiva (tendências regulares de desenvolvimento das civilizações terrestres) e cibernética (teoria geral dos sistemas complexos).

Kaplan assinala que a SETI, até aquele momento (década de 1960), fundamenta-se em quatro proposições: 1) as radiofreqüências como o melhor meio de transmissão de sinais; 2) as civilizações aumentam continuamente suas exigências energéticas; 3) em certo estágio, as civilizações inevitavelmente transmitem informação ao espaço; 4) tais sinais podem ser decodificados.

A segunda proposição contém uma predição sobre o futuro humano e sua extensão a todas as civilizações. Em relação a esse ponto, o escritor polonês de ficção científica Stanislaw Lem qualifica de "projeção ortoevolucionária" a técnica de previsão baseada na extrapolação linear de tendências atuais (incapaz, no entanto, de prever saltos qualitativos e vias alternativas de desenvolvimento). Assim, a "hipótese energética" de Dyson e Kardashev da evolução da civilização humana subentende um progresso contínuo a ser barrado apenas por fatores destrutivos. Nessa situação, a "crise energética" seria resolvida pela expansão ao espaço exterior, pois, segundo tal hipótese, o crescimento de uma dada civilização prosseguirá indefinidamente — daí a importância das esferas de Dyson. Apesar de ambos abrigarem tal hipótese, haveria uma diferença de motivação entre cientistas soviéticos e ocidentais: os primeiros acompanhariam Tsiolkovski no otimismo da expansão do potencial humano no espaço, enquanto os segundos apontariam que esse processo decorreria de conflitos sociais, geradores da migração para o espaço exterior.

A "sociologia" das civilizações extraterrestres lança mão de algumas generalizações sobre formas de comportamento universalmente adotadas entre homens e animais. Se o comportamento expansionista é característico de todas as formas de vida terrestre, poderia ser suposto em algumas (ao menos) formas de vida extraterrestre. Nesse território pouco definido, fronteiriço entre o conhecimento científico e a introspecção subjetiva, corre-se o risco de que, como assinalaram Schwartzman e Rickard, "quando os fatos são escassos, as especulações provavelmente representam as psicologias individuais".

Falsos alarmes

Desde seu começo, a SETI vem convivendo com declarações sobre detecção de ETs, que, não confirmadas, tornam-se o que se convencionou chamar de "falso alarme". O primeiro falso alarme foi simultâneo à primeira rádio SETI, como observou Drake, a respeito do Projeto Ozma. Na primeira observação da estrela Epsilon Eridani, foram recebidos pulsos à razão de oito por segundo. Entretanto, posteriormente se concluiu que se tratava de uma interferência local, provavelmente provocada por um avião.

Outro falso alarme configurou-se com a previsão de Kardashev a respeito da possível natureza artificial de determinadas fontes de rádio. Em 1965, G.S. Sholomitskii teria descoberto uma variação de 100 dias na intensidade do sinal da fonte de rádio CTA 102. A polêmica soviética e internacional que se seguiu a respeito desse objeto astronômico acabou encerrada com novas observações e análises, descartando-se a possibilidade de sua origem inteligente. Convém apontar que a sugestão original de Kardashev ocorreu em função dos conhecimentos da época sobre tais fontes de rádio, i.e., o fato de possuírem pequeno diâmetro angular e não estarem associadas a objetos visíveis. Configuravam-se, assim, algumas características de uma possível civilização do tipo II ou III. Sua identificação como um quasar, um objeto natural, embora extraordinário, por Windham e Sandage, entretanto, desacreditou tal sugestão posteriormente.

Um dos episódios mais espetaculares da astronomia na década de 1960, equivalente em seu impacto à detecção dos quasares e da radiação cosmológica de 3K, foi a descoberta de estrelas que emitem energia de forma tão regular quanto um bom relógio suíço: os pulsares. Como relata Antony Hewish, Prêmio Nobel de Física de 1974 e líder do grupo de Cambridge de pesquisa radioastronômica, os pulsares chegaram a ser vistos, inicialmente, como resultantes de uma atividade inteligente:

> A surpresa final foi a compreensão de que o objeto emissor dos pulsos deveria ser muito pequeno ... Nesse estágio, no começo de dezembro (de 1967), contemplei a possibilidade de a explicação mais simples ser alguma mensagem de seres extraterrestres, embora não percebêssemos inteligência nos trens de pulsos. Na medida em que a vida pode existir apenas sobre planetas, procurei verificar se os pulsos estariam vindo de um planeta desconhecido em órbita de alguma estrela distante. O movimento orbital teria mostrado uma mudança na taxa dos pulsos, provocado pelo efeito Doppler. Depois

de marcar cuidadosamente o tempo dos pulsos por diversas semanas, excluí a possibilidade de uma fonte planetária.

Verificou-se, posteriormente, que era possível uma explicação natural para o comportamento exótico desses objetos astronômicos.

Em 1977, o radiotelescópio Big Ear, operado pela Universidade de Ohio, detectou um sinal considerado "o mais sugestivo de uma origem extraterrestre inteligente detectado em seis anos de pesquisa". Apelidado de *Wow*, o sinal intermitente, assinalado pelo *software* de reconhecimento, não se repetiu, o que faz supor que tenha sido resultado das emissões de um satélite não identificado.

Os "falsos alarmes" geralmente não mereceram atenção detida daqueles que analisaram a história da pesquisa de inteligência extraterrestre, com a exceção de autores como Thomas McDonough, que lhe dedicou um capítulo especial de sua obra sobre exobiologia. Esse autêntico ponto cego nos relatos sobre a SETI poderia ser explicado pela tendência natural em obliterar da memória o registro dos becos sem saída da pesquisa que, justificáveis para um grupo de cientistas em determinado momento, revelaram-se posteriormente improdutivos.

7. Extraterrestres na Armênia

> Porque é impossível que uma inteligência possa imaginar que inumeráveis mundos que se mostram tão ou mais magníficos que este, sejam privados de habitantes semelhantes ou melhores
>
> Giordano Bruno

Byurakan

A primeira Conferência Soviético-Americana sobre CETI foi realizada no Observatório Astrofísico de Byurakan, na Armênia, em setembro de 1971. Reuniu 31 pesquisadores soviéticos, 18 norte-americanos e quatro de outros países, oriundos de disciplinas tão diversas como astronomia, lingüística, biologia e história.

Permitindo, pela primeira vez, uma congregação internacional dos estudiosos na área, o encontro produziu, ao seu final, um documento que estabelece os contornos da exobiologia como campo de pesquisa, assim como sua justificativa de cientificidade. A conferência também serviu para demonstrar a predominânica dos norte-americanos e soviéticos nessas investigações.

Não será apenas no estabelecimento de uma orientação consensual mínima para as futuras pesquisas que a Conferência de Byurakan deitará raízes na história. Ao reunir *vis-a-vis* os principais cientistas que vinham contribuindo com certa regularidade para o tema, Byurakan foi também um foro privilegiado no que concerne à confrontação de teses divergentes ou opostas, provocando discussões tanto sobre problemas particulares de pesquisa quanto sobre a natureza e pressupostos das pesquisas em vida e inteligência extraterrestres.

Entre as resoluções finais da conferência, os cientistas privilegiaram a busca de sinais de engenharia astral em estrelas próximas, nos intervalos de onda do visível ao decimétrico, a exploração da banda submilimétrica e a pesquisa de sinais extragaláticos.

CHAUVINISMOS

Nicolas Chauvin, soldado do exército napoleônico, tipificou a atitude glorificadora de muitos franceses em relação ao imperador Bonaparte. O culto a Napoleão, mesmo após a derrota de Waterloo em 1815, acabou por entrar para a história com a expressão "chauvinismo" significando nacionalismo exagerado.

A busca de vida extraterrestre, por seu lado, gerou seus chauvinismos particulares, como denunciou Carl Sagan. Segundo o astrônomo, a escolha de alvos radiotelescópicos da SETI recai preferencialmente sobre astros similares ao Sol, no que seria um "chauvinismo das estrelas G" — o Sol é classificado como uma estrela do tipo G, devido às suas caracterísicas físicas. Entretanto, as estrelas de tipo espectral posterior ao G são majoritárias e mais velhas, principalmente as do tipo M. Talvez nossa pesquisa derive de um preconceito humano ao conceber um universo restrito ao nosso próprio modelo.

Uma das idéias mais exóticas discutida na literatura é a possibilidade de vida em superfícies estelares, o que vai de encontro a outro suposto chauvinismo — o da necessidade de planetas para surgimento e desenvolvimento da vida. Proposta inicialmente por Harlow Shapley, a vida sobre estrelas "frias" muito provavelmente não se sustentaria, devido à inexistência de diferenças de temperaturas que permitissem a evolução de moléculas complexas. Mesmo assim, alguns cientistas, como Stent e Gold, especularam no Congresso de Byurakan, em 1971, sobre as condições que propiciariam o aparecimento e evolução de entidades biológicas em superfícies estelares.

Poderíamos classificar os pressupostos humanos intrínsecos às avaliações SETI, seguindo John Casti, em: chauvinismo do carbono, chauvinismo da estrela "G" e o preconceito planetário. Tais chauvinismos, embora demarcados na constituição das idéias, seriam inescapáveis, por constituírem um fundamento do pensamento exobiológico.

A questão da universalidade do modelo terrestre de vida envolveria uma forma de chauvinismo? O estado líquido parece ser o único adequado à vida: novamente o chauvinismo?

Apesar de algumas especulações de V. Firsoff, em 1965, não se apresentou, até o momento, qualquer elaboração teórica ou experimentação que consolidasse um modelo alternativo de bioquímica. Assim é que a crítica ao chauvinismo permanece no campo verbal, não se viabilizando como alternativa real à natureza dos fenômenos vitais conhecidos. Por outro lado, serve como alerta para que não se limite com demasiada estreiteza o campo das possibilidades, cujos limites são atualmente pouco conhecidos.

VIAGENS INTERESTELARES

As *Pioneer* e *Voyager*, embora engenhos excepcionais pela fabulosa quantidade de informações reunida, deslocam-se a velocidades muito baixas para um vôo de efetivo interesse à exploração mesmo das estrelas mais próximas. Se imaginarmos uma viagem a Sírius, a estrela mais brilhante do céu e uma das mais próximas, levaríamos, em um automóvel, 117 milhões de anos! Se pudéssemos tripular uma das *Voyager*, a nossa mais veloz astronave e que desloca-se a 56.000km/h, ainda assim somente chegaríamos ao destino depois de... 167.000 anos.

Embora o conhecimento atual não nos permita pensar, para um futuro próximo, no vôo interestelar, diversos esquemas já foram objeto de especulação dos engenheiros e cientistas, utilizando-se tecnologias inovadoras. Vejamos algumas destas ousadas propostas:

• Projeto Daedalus — sob os auspícios da Sociedade Interplanetária Britânica, desenvolveu-se, na década de 1970, um minucioso estudo de um engenho de curso interestelar. Projetado para atingir a estrela de Barnard (astro mais próximo do sistema solar, após Alfa Centauro, e de maior deslocamento aparente na esfera celeste) em aproximadamente meio século, o veículo seria propelido pelo processo da fusão nuclear. Utilizando-se isótopos do hidrogênio e hélio, teria dois estágios, com uma carga útil de 450 toneladas. Daedalus poderia atingir velocidades superiores a um décimo da velocidade da luz.

- Veleiro Interestelar — uma das mais audaciosas e econômicas criações da engenharia astronáutica é a do veleiro fotônico. Uma nave acoplada a uma vasta superfície coletora — a "vela" — poderia ser acelerada pela luz solar, através do impacto das partículas luminosas, os fótons. Uma alternativa para aumentar a aceleração seria a utilização de um feixe de raio laser para impulsão do veleiro. Se imaginarmos uma missão a Alfa Centauro, com um período de trânsito de menos de 40 anos, seria necessária a construção de uma vela de 32 quilômetros de diâmetro, com uma massa de nada menos que 34 toneladas!
- Foguete a Laser — em lugar de uma imensa superfície refletora, como no caso anterior, o veículo carregaria uma massa de fluido combustível, acionado por um laser estacionário, localizado no sistema solar.
- Naves-mundo — gigantescos veículos abrigariam, em ambientes ecologicamente controlados, sucessivas gerações humanas. Tais máquinas atravessariam o espaço a um centésimo da velocidade da luz, com um tempo de viagem às estrelas mais próximas estimado em um milênio. Uma das propostas idealiza uma nave de 20 quilômetros de diâmetro e 114 quilômetros de comprimento, girando ao redor de seu eixo para obtenção de gravidade.
- Foguete Bussard — o chamado "Ramjet", sugerido em 1960, consiste num artefato que obtém seu combustível no próprio meio interestelar, através de uma superfície coletora (um campo magnético, por exemplo). A renovação contínua do suprimento de combustível — o hidrogênio coletado — permitiria, através de um motor à fusão nuclear, sua aceleração uniforme e, em conseqüência, a obtenção de altas velocidades finais (10 a 20% de c, em que c representa a velocidade da luz).

Os esquemas imaginados, no entanto, ainda apresentam um sem-número de entraves de natureza técnica e econômica. Servem, por outro lado, como indicadores de possíveis rumos à primeira exploração humana extra-solar.

Com uma visão mais pessimista, G. Marx, da Universidade de Budapeste, afirma que o vôo interestelar só ocorrerá em conseqüência de um empreendimento cooperativo entre duas civilizações tecnológicas: "Portanto, a velha idéia da ficção científica de uma invasão do espaço exterior está proibida pela lei de conservação do momento."

PESQUISAS SOVIÉTICAS

Distintamente da pesquisa norte-americana, voltada para as estrelas próximas similares ao Sol e a bandas estreitas do rádio, a soviética dirigiu-se ao exame de grandes fatias da esfera celeste e a sinais distribuídos numa larga faixa de freqüências, utilizando-se de antenas onidirecionais, na caça às supercivilizações previstas por Kardashev.

V.S. Troitsky, do Instituto de Radiofísica de Gorki, realizou, nessa cidade, com uma antena de 15m, pesquisa em 11 estrelas, sendo nove do tipo espectral G, e uma galáxia, M31, a famosa Galáxia de Andrômeda. A busca visou as emissões monocromáticas nos 30cm, em 65 sessões de observação, nos meses de setembro e outubro de 1968. A estrela mais distante observada, Eta Herculis, situa-se a 61,6al. Esse projeto, similar ao Ozma, concluiu com resultados negativos. De setembro a novembro de 1970 uma nova investigação voltava-se para a detecção de pulsos de origem artificial, utilizando quatro radiotelescópios em localidades distintas (Gorki, Criméia, Murmansk e Ussuri). Os projetos soviéticos foram mais intensos até os meados da década de 1970, destacando-se o programa "Mania", desenvolvido a partir de 1974 no Observatório de Zelenchukskaya.

Em 1974, a CETI foi discutida no âmbito de um conselho científico da Academia de Ciências da URSS, na área de radioastronomia. Aprovou-se, aí, um "Programa de Pesquisas sobre o Problema da Busca de Sinais Cósmicos de Origem Artificial", baseado nas recomendações das conferências de Byurakan, em 1964 e 1971. O ângulo prioritário de estudo relacionava-se à procura de sinais de objetos intra- e extragaláticos, em diferentes faixas do espectro eletromagnético.

OTIMISMO COMUNISTA

Um futuro glorioso e pacífico para a humanidade não é apanágio apenas dos criadores de *Jornada nas estrelas*. A crença na inevitabilidade da revolução socialista e na superação dos conflitos sociais intrínsecos às sociedades capitalistas levou os astrônomos soviéticos a admitir a existência de civilizações tecnologicamente avançadas e longevas. Assim, Iosif Shklovskii criticou a análise de Ronald Bracewell sobre as possibilidades de autodestruição nuclear da humanidade, asseverando que "certamente, enquanto existe o capitalismo, um fim tão trágico é possível, mas não é de modo algum fatal ... A sociedade futura de seres realmente racionais que será edificada sobre a base do comunismo não irá mais temer a catástrofe nuclear". Shklovskii reservaria as críticas mais duras a Von Hoerner, comparando-o a Spengler: "Sentindo a fragilidade do mundo fechado no qual se encontra, o professor alemão-ocidental projeta sobre toda a humanidade a derrocada inevitável deste mundo."

O cientista e escritor soviético J. Perel'man, na esteira de Tsiolkovski, lançava o socialismo no espaço, pois "tendo conquistado o Sistema Solar, a sociedade comunista dará um audacioso passo além, i.e., para as estrelas de nossa Galáxia, e então para outras galáxias; para visitar e estudar os sistemas planetários e civilizações de outros mundos de forma a reunir outras ilhas de inteligência".

O PROJETO CYCLOPS

Em 1970, o Projeto Cyclops reuniu um grupo de estudo dirigido por Bernard Oliver, um executivo da Hewlett-Packard (cujas calculadoras de bolso já foram tão populares quanto os atuais PCs) que acabou por dedicar-se à SETI. Sob os auspícios da NASA, elaborou-se um projeto de dimensões nunca tentadas. A meta era resolver definitivamente o Paradoxo de Fermi, reunindo um grande volume de equipamento dedicado especialmente à SETI. A estratégia de busca direcionava-se às estrelas próximas dos tipos espectrais F, G e K (mais ou menos semelhantes ao Sol), que, num raio de 1.000al, totalizariam um milhão. A pesquisa seria efetuada por um conjunto de 1.000 a 10.000 antenas de 100m de diâmetro, dispostas conjuntamente e automaticamente controladas. A capacidade de Cyclops seria dois trilhões de vezes superior à de Ozma, e custaria a metade do valor gasto no projeto Apollo. Se tivesse sido realizado — o que não aconteceu —, colocaria a SETI efetivamente na categoria dos projetos típicos da *Big Science*.

8. O PLURALISMO DESAFIADO

> O anão, que julgava às vezes um pouco precipitadamente, afirmou logo que a Terra era desabitada. A razão era que não tinha visto ninguém. Micrômegas mostrou-lhe delicadamente que estava raciocinando mal. "Com seus pequenos olhos, dizia, o senhor não é capaz de ver certas estrelas da qüinquagésima grandeza que eu entretanto percebo distintamente: poderia concluir por isso que essas estrelas não existem?"
>
> Voltaire

AS COLÔNIAS DE O'NEILL

Em meados dos anos 1970, o físico norte-americano Eugene O'Neill, da Universidade de Princeton, apresentou um projeto de colonização espacial. As colônias de O'Neill, auto-sustentáveis, constituem-se numa sugestão de transferência humana para o espaço, em grande escala. Os cilindros de O'Neill permitiriam a criação de unidades independentes, capazes de, com sua expansão, absorver o crescimento populacional terrestre. Gerando, através de seu movimento, o equivalente à gravidade terrestre, poderiam ser ocupados por milhares de pessoas. Utilizando a energia solar, os cilindros abrigariam, inclusive, atividades corriqueiras de agricultura e pecuária.

Se Dyson, em 1960, previa a construção de biosferas artificiais, o físico de Princeton retoma a idéia com vistas à sua realização com a tecnologia disponível. A exobiologia, lançando uma especulação sobre o hipotético comportamento de ETs, reflete-se, posteriormente, nas projeções sobre um possível "homem extraterrestre". A expansão planetária, iniciada pela Europa Ocidental nos séculos XV e XVI, toma uma nova dinâmica com a Era Espacial. Em O'Neill, este tema inicia seu trânsito da ficção científica para o terreno da engenharia.

As propostas de O'Neill tornaram plausível a temática da colonização interestelar, abrindo caminho para as mudanças posteriores no pensamento exobiológico.

ESTAMOS SÓS!

Nos anos 1980, a admissão da possibilidade da viagem interestelar por sondas automáticas conduziu à elaboração de modelos, quantificados, de exploração e colonização da Galáxia. Esses modelos, por sua vez, geraram previsões sobre o comportamento de civilizações técnicas avançadas.

A defesa inicial desse conceito, associado à colonização galáctica, coube, em 1975, a Michael Hart, do Centro Nacional de Pesquisas Atmosféricas (EUA), que lançou as bases recentes da corrente singularista.

As dissensões que moviam os debates na década de 1960 (como, por exemplo, entre G.G. Simpson e os pluralistas) repetem-se na década de 1980, embora modificadas em alguns de seus argumentos.

Hart sugere que o resultado da Equação de Drake é unitário. Em seu artigo "Uma explicação para a ausência de extraterrestres na Terra", propõe uma categorização das explicações exobiológicas para tal ausência (chamada de "Fato A"). As explicações dividir-se-iam nos seguintes grupos: a) físicas — inviabilidade da viagem interestelar, por razões físicas, biológicas ou técnicas; b) sociológicas — os ETs escolheram não realizar a exploração galáctica, por falta de motivação, organização, ou outros; c) temporais — os ETs surgiram recentemente na Galáxia e ainda não tiveram tempo para entrar em contato conosco; d) históricas — os ETs estiveram aqui no passado. A rejeição de todas essas explicações leva à adoção de uma quinta possibilidade, a saber, "nós somos os únicos seres inteligentes em nossa Galáxia".

Para cada elemento do quarteto, Hart apresenta um contra-argumento. Se a colonização da Galáxia pode ser feita em dois milhões de anos, seria altamente improvável que ela ainda não tivesse sido povoada, pois sua idade é de 10 bilhões de anos. Por outro lado, os problemas de tempo e energia parecem ser solúveis para viagens interestelares a um décimo da velocidade da luz. Em comum com os pluralistas, Hart repudia as alegações ufológicas, segundo as quais a Terra foi, e/ou, está sendo visitada por alienígenas.

Desse modo, Hart conclui que "uma extensiva pesquisa de mensagens de rádio de outras civilizações é, provavelmente, um desperdício de dinheiro e tempo" e "nós somos a primeira civilização em nossa Galáxia". Uma das raízes de sua argumentação remete ao problema sociológico, ou de motivação, dos ETs. Bastaria que uma única espécie tecnológica empreendesse a colonização para que esta englobasse, em uma pequena fração de sua história, toda a Galáxia. Isso, naturalmente, enfraquece as hipóteses "contemplativas": ETs sem interesse na exploração ambiental, "auto-destrutivas": aniquilação dos ETs após descoberta da energia nuclear; e "zôo": os ETs evitam o contato.

Alguns críticos vêm reavaliando as suposições de Hart, lembrando que, por exemplo, o envio de uma colônia de 100 homens à estrela Tau Ceti, à velocidade de 0,1c, demandaria um gasto energético equivalente ao consumo norte-americano atual por centenas de anos, o que torna menos róseo o quadro das supostas jornadas interestelares.

A aceitação do vôo interestelar como um elemento-chave no impulso do movimento singularista teve antecessores, como Bracewell, na década de 1960, e adeptos mais recentes, como Crick. A contestação do modelo insular das civilizações extraterrestres (em que estas não estabelecem um contato direto) colocou a exobiologia no mistério do "Grande Silêncio", segundo a feliz expressão do escritor David Brin, i.e., a ausência de sinais dos ETs.

As conclusões de Hart assinalam um momento significativo nos debates ao alicerçarem as concepções singularistas com novos argumentos, adicionando-os aos expostos na década de 1960 por George Simpson. Para Michael Papagiannis, "o eufórico otimismo dos 60 e do início dos 70 ... está sendo lentamente substituído ... pela aceitação pessimista de que podemos ser a única civilização tecnológica na Galáxia". Para os singularistas, portanto, *a ausência de evidência é evidência de ausência.*

O trabalho de Jones, também produzido em meados dos anos 1970, insere-se no conjunto dos singularistas que, por intermédio de modelos de colonização interestelar, lançaram o pluralismo na polêmica. Considerando viável a construção, para uma civilização tecnológica, de naves "subfotônicas" (com velocidades ao redor de um décimo da velocidade da luz), Jones admite a expansão para o espaço exterior como uma de suas características generalizadas, "pois não parece razoável que esta [civilização tecnológica] não se expandiria dada a oportunidade". Em sua projeção, a Galáxia poderia ser colonizada em apenas cinco milhões de anos, o que remete, novamente, ao "Paradoxo de Fermi". Sua conclusão singularista é a de que nenhuma civilização tecnológica/espacial/colonizadora surgiu na Galáxia.

Mais um golpe é desferido no otimismo exobiológico quando Freeman Dyson, duas décadas após sua importante nota de 1960 sobre as biosferas artificiais, passou a se alinhar contrariamente aos postulados pluralistas mais comuns, naquilo que ele denomina de Dogma do Discurso Filosófico: a vida é abundante no universo, produz inteligências e tais inteligências são comunicativas. Como essas idéias não exibem, ainda, comprovação empírica, as pesquisas de rádio baseiam-se em artigos de fé, o que coloca a SETI numa delicada situação como programa de pesquisa científica.

As peculiaridades astrofísicas da Terra, como a existência de um grande satélite natural e a localização do Sol longe do explosivo centro galático, levaram o antropólogo russo V.P. Alexeev a afirmar o princípio antropogeocêntrico: a posição central do homem no universo visível. Contrariando a tendência majoritária na literatura soviética, Alexeev assinala a excepcionalidade humana, pois "o desenvolvimento histórico da civilização terrestre, governado por leis, apresenta-se-nos em toda a sua grandeza e faz-nos sentir a vasta majestade dos valores materiais e espirituais por ela criados".

Em 1980, o físico norte-americano Frank Tipler publicou o provocativo artigo "Seres inteligentes extraterrestres não existem". A partir da abordagem moderna do tema, com Cocconi e Morrison, Tipler divide os protagonistas em dois grupos: os otimistas, constituídos essencialmente por astrônomos e físicos como Sagan e Drake; e os pessimistas, formados basicamente por biólogos evolucionistas como G.G. Simpson, Dobzhansky e Mayr.

Sua idéia central é de que "N" = 1, pois se "N" fosse maior do que 1, então os extraterrestres estariam necessariamente entre nós. Como não estão, permanecemos sós na Galáxia.

Seu raciocínio parte da viabilidade da viagem interestelar através de máquinas, o que permitiria a colonização de toda a Galáxia em 300 milhões de anos.

Para defender a necessidade da idéia de colonização galática, Tipler aplica um princípio hipotético de sociologia (ou sociobiologia) extraterrestre: todos os seres vivos terrestres têm uma fase de expansão e dispersão em novos ambientes, logo todos (ou alguns) seres inteligentes extraterrestres irão expandir-se e explorar o meio galático. Bastava que, nessa suposição, uma única civilização extraterrestre iniciasse o processo para que as máquinas assegurassem a colonização total da Galáxia. Se, portanto, as espécies inteligentes comunicativas se tornassem também exploradoras, seus produtos estariam, hoje, presentes entre nós. Como não há qualquer evidência nesse sentido, não existem outras espécies inteligentes na Galáxia e "N" = 1.

A crença em UFOS (Unidentified Flying Objects ou Objetos Voadores Não Identificados) e civilizações extraterrestres teria a mesma motivação psicológica: "A expectativa de que seremos salvos de nós próprios por alguma miraculosa intervenção interestelar." Evry Schatzman, um dos mais destacados astrofísicos franceses, embora não seja um singularista, concorda com a origem não-racional da idéia da Pluralidade dos Mundos Habitados, pois a queda pós-copernicana do antropocentrismo estaria sendo compensada pelo povoamento celestial de inteligências "tutelares", impregnando a SETI de antigas mitologias.

D.G. Stephenson, da Universidade de Saskatchewan, no Canadá, considera a posição de Tipler derivada do fato de que:

> a Pesquisa de Inteligência Extraterrestre agora exige ... que se leve em conta seres mais avançados, mas totalmente distintos da huma-

> nidade, e com suas próprias prioridades e preocupações. Esse passo desconfortável pode ser evitado se acreditarmos que estamos sozinhos como seres inteligentes, e para justificar tal concepção é citada a ausência de artefatos alienígenas reconhecíveis no Sistema Solar.

A rejeição do marcante artigo de Tipler, por Carl Sagan, para publicação nos periódicos *Science* e *Icarus* fez com que esta se desse num periódico britânico. John Casti adverte que "essas tentativas de manter Tipler fora da publicação ocorreram no período em que os defensores da SETI vinham tendo problemas de verbas com o Congresso".

No decorrer da década de 1980, essa publicação foi, e ainda é, um ponto obrigatório de reflexão e referência, por apresentar um extenso e erudito ataque ao pluralismo.

Em resposta aos artigos de Tipler do início da década de 1980, Sagan e Newman classificam-no dentro de uma "visão solipsista do mundo". Supor que os ETs teriam interesse na aventura imperialista de colonizar a Galáxia é apenas extrapolar "descuidadamente a partir da história humana recente". Recusando os valores assumidos no modelo de Tipler de colonização, concluem que a ocupação da Galáxia poderia demorar de centenas de milhões a dezenas de bilhões de anos. Se existentes, sociedades imperialistas seriam instáveis e de curta duração. As sociedades com maior longevidade seriam, portanto, as menos expansionistas.

Sagan e Newman, em sua defesa da pesquisa exobiológica, recaem numa crítica superficial às idéias de Tipler pois, como lembra Schatzman, "colonização não é colonialismo e não significa necessariamente a escravização dos autóctones pelos invasores". James R. Newman, ainda nos anos 1960, já aportava sua crítica aos "poucos" que "são suficientemente tolos para imputar às sociedades de outros planetas os mesmos impulsos assassinos, ambições militares, obsessões e loucuras que caracterizam nossa civilização".

A escolha entre os modelos e os valores atribuídos às suas variáveis demarca essa etapa da polêmica história da SETI. Será em torno desses pontos que as controvérsias irão se concentrar, pois suas conclusões implicam na viabilidade da colonização galática e, por conseqüência, na resposta ao "Grande Silêncio". David Brin sintetizou com muita propriedade:

> o dilema do Grande Silêncio dá ao incipiente estudo da xenologia sua primeira batalha traumática, entre aqueles que procuram desculpas otimistas para a aparente ausência de vizinhos conscientes e aqueles que entusiasticamente aceitam o Silêncio como evidência do isolamento humano em uma fronteira aberta.

As sondas de Von Neumann

Em 1974, Michael Arbib, professor do Departamento de Computação da Universidade de Massachusetts, delineou o esboço de um programa de colonização da Galáxia através de máquinas de Von Neumann. Estas máquinas seriam computadores de inteligência semelhante à humana, capazes de realizar cópias de si próprias a partir do material disponível no meio interestelar. Seu estudo inicial foi realizado pelo matemático húngaro John Von Neumann, um dos criadores da cibernética. A colonização completa da Galáxia seria garantida pela multiplicação encadeada das máquinas, auto-suficientes e independentes.

Enquanto para Arbib as máquinas são imaginadas apenas como um veículo de contato, para Tipler elas são o núcleo da argumentação singularista.

Com o tempo, as sondas de Von Neumann assumiriam o controle da Galáxia, relegando a inteligência biológica a um patamar inferior na escala cósmica. MacGowan e Ordway imaginavam que o primeiro contato com um ET seria efetuado através de autômatos inteligentes. Nos anos 1980, Tipler retornará a essa idéia, utilizando-a como pedra de toque de seu singularismo.

Essa autêntica "Utopia do Silício" caminhava de mãos dadas com a ressurreição da eugenia, pois, para MacGowan e Ordway "a maior proliferação dos elementos inferiores da sociedade" parece indicar o decréscimo da inteligência individual. O autocontrole da espécie seria uma forma de evitar nossa substituição pelas inteligências artificiais...

Aos computadores, também, caberia a missão de, controlando a sociedade humana, evitar guerras e solucionar nossos problemas sociais. Em lugar da salvação celestial, MacGowan e Ordway depositam a esperança de uma redenção social num produto da tecnologia humana. Em ambos os casos, compartilha-se a perspectiva de uma solução para as incertezas atuais externa ao próprio homem. Sua descrição, em certos momentos, adquire um fervor religioso, numa forma de misticismo tecnológico.

AS SONDAS LETAIS

Máquinas de Von Neumann mutantes, as "sondas letais" foram sugeridas por I. Good, em 1965, e retomadas quase duas décadas após por David Brin, como mais uma alternativa ao Paradoxo de Fermi. Programadas para destruir toda e qualquer fonte de radiação eletromagnética modulada, indicadora da existência de uma inteligência tecnológica, essas autênticas naves-robôs assassinas já poderiam estar disseminadas pelo espaço (ver FIGURA 12).

12. Sonda letal atacando uma civilização tecnológica.

Apesar da hipótese parecer excessivamente literária, bastaria o surgimento de uma única inteligência xenofóbica — criadora das sondas letais — na história da Galáxia para justificar a ausência de sinais dos ETs.

Em oposição à concepção de máquinas destruidoras, como as sondas letais, Isaac Asimov criou, nos anos 1950, a figura literária do robô subordinado ao mandato humano. Em *Eu, Robô*, Asimov descreveu as Três Leis da Robótica:

1. Um robô não pode ferir um ser humano ou, por omissão, permitir que um ser humano sofra algum mal.
2. Um robô deve obedecer as ordens que lhe sejam dadas por seres humanos, exceto nos casos em que tais ordens contrariem a Primeira Lei.
3. Um robô deve proteger sua própria existência, desde que tal proteção não entre em conflito com a Primeira e a Segunda Leis.

As Três Leis acabaram por influenciar largamente a ficção científica, e a máquina benévola asimoviana se contrapôs aos terrores sugeridos pelo desenvolvimento tecnológico, expressos já em 1818 no *Frankenstein*, de Mary Shelley.

O PRINCÍPIO ANTRÓPICO

Tradicionalmente, a procura de relações entre consciência, vida e natureza tem sido objeto da investigação filosófica, surgindo apenas esporadicamente em publicações de caráter científico. A elaboração do princípio antrópico reflete tais temas, geralmente ao abrigo do pensamento mais especulativo. Mesmo que sua adoção esteja ainda restrita a poucos investigadores, o interesse do princípio antrópico reside na possibilidade de estabelecer conexões entre a cosmologia, a biologia e o homem.

O princípio antrópico pode ser entendido como a idéia de que nossa existência como seres conscientes é determinante da natureza do universo. Formulado incialmente em 1961, pelo cosmólogo norte-americano Robert Dicke, a aplicação desse princípio implica inverter a explicação comum sobre a existência da vida: não são as características físico-químicas da Terra que explicam o surgimento desta, mas, ao contrário, sua presença é que justifica as propriedades observadas no universo. Refletindo-se diretamente na cosmogonia, o princípio antrópico impõe condições restritivas às leis e constantes físicas, pois estas devem ter valores tais que conduzam à origem da vida e da consciência. Se fizéssemos uma experiência mental e imaginássemos uma infinidade de universos, apenas o atual possuiria as características físicas necessárias para o desenvolvimento da vida. Por exemplo, o valor da constante gravitacional é adequado à existência de estrelas como o Sol, produzindo energia de forma estável por longo tempo, fundamental à evolução orgânica.

Último rebento de uma linhagem de princípios cosmológicos, o princípio antrópico, de certa forma, contrapõe-se a seus antecessores. Com Copérnico, a Terra deixa de ser o centro do universo. O princípio antrópico vem propor um retorno pré-copernicano, em que a Terra passa a ser um lugar privilegiado no cosmo, como sede de vida inteligente.

Os físicos Wheeler e Paton, mais radicais nas extrapolações, limitam os modelos cosmogônicos às exigências do princípio antrópico. Partindo da eliminação, derivada da mecânica quântica, do conceito de observador para o de participador, sugerem uma cosmogonia auto-referente. O universo é definido como um "circuito auto-excitado", onde a consciência é condição de existência e sentido do mundo. Seu arrojo metafísico pode ser medido pela expressão "sem consciência ... não há mundo".

A característica mais notável na construção de tal princípio é que admite conexões entre certas características do mundo físico e a consciência humana. A irrefutabilidade, ou não-confirmabilidade, intrínseca à idéia de mundos possíveis, e a renovação do antropocentrismo certamente são entraves a que certas versões do princípio entrópico sejam admitidas como científicas.

Para a exobiologia, o princípio antrópico vai de encontro a uma de suas premissas fundamentais, o princípio copernicano, segundo o qual a posição humana no cosmo é absolutamente comum, representando uma média das condições gerais.

A derivação do princípio antrópico em direção a uma manifestação mística parece estar orientando, recentemente, o crítico do pluralismo Frank Tipler. Tão pertinaz em classificar de religiosos os "saganianos", Tipler especula que, num universo fechado, desenvolver-se-ia um superorganismo, capaz de englobá-lo. Desse modo, entre suposições sobre a imortalidade da vida, Tipler conclui que está surgindo uma nova disciplina astronômica, "a ecologia do universo", responsável por temas dessa natureza.

Michel Paty, filósofo da ciência francês, considera as extrapolações feitas por Tipler, a partir do princípio antrópico, "dignas da ficção científica mais desenfreada".

Stephen Jay Gould, na mesma seara, volta-se para o argumento do desígnio, defendido por Dyson. Segundo o argumento do desígnio, a organização do universo presume a existência de um organizador — o Criador, Deus. Para Gould, esse "princípio antrópico" é a "representação da esperança crua travestida como realidade racionalizada". Assim como Tipler, a idéia de Dyson de que o "universo, de certo modo, deve ter sabido que vínhamos" combinou a exaltação da peculiaridade humana como ser inteligente com um viés religioso.

A orientação filosófica, assinalada em relação aos pluralistas, evidencia-se também em seus oponentes. Ao princípio copernicano pluralista contrapõe-se o princípio antrópico singularista, substituindo a carência de fatos por uma estrutura teórica.

A HIPÓTESE ZÔO

Uma das mais curiosas alternativas à ausência dos ETs é dada por John Ball. Partindo das premissas da universalidade da vida e dos locais para sua existência no universo, Ball sugere a "hipótese zôo". Segundo ela, "[os extraterrestres] estão deliberadamente evitando a interação e ... deixaram de lado a área onde vivemos como um zôo". Em 1965, I. Good havia imaginado que "Seres Superiores" da Galáxia haviam decidido deixar a humanidade em paz, numa espécie de reservado cósmico...

Para Ball, "o mais interessante problema científico de nossa época" envolve uma analogia pitoresca com nossa civilização, i.e., a existência de zoológicos. O obstáculo a essa hipótese é que, na medida em que for válida, não pode, por isso mesmo, ser confirmada. Essa suposição tem procurado resgatar o otimismo exobiológico, abalado pelas frustrações dos programas observacionais.

A hipótese zôo só seria válida, entretanto, no caso da existência de um único ET, uma vez que seria pouco provável que todos entrassem em acordo para evitar o contato.

Mais uma suposição salvadora do pluralismo foi lançada por Michael Papagiannis. Para o astrônomo grego, os ETs existiriam, mas estariam estacionados no cinturão de asteróides, entre Marte e Júpiter, evitando o contato. A detecção de extraterrestres deveria ser buscada no sistema solar, pois, caso existissem, já circulariam pelas redondezas.

Da mesma forma, imaginou-se que as espaçonaves extraterrestres não são observadas em virtude de ficarem restritas à obtenção de matéria-prima nas regiões mais longínquas do sistema solar, não tendo, portanto, qualquer interesse em pequenos planetas rochosos, como a Terra.

BIOLOGIA E CETICISMO

A percepção do importante papel do acaso na evolução dos seres vivos levou diversos cientistas ao ceticismo em relação aos prognósticos otimistas da SETI.

Ernst Mayr, biólogo do Museu de Zoologia Comparada da Universidade de Harvard, conclui sua análise sobre o tema afirmando que "o programa SETI constitui um deplorável desperdício do dinheiro dos contribuintes". Tal afirmação retoma, quase literalmente, as diatribes de Simpson, em 1964. Naquele período, no entanto, sua crítica recebeu pequeno apoio, enquanto o pluralismo enriquecia suas fileiras.

Em outro biólogo, o geneticista ucraniano Theodosius Dobzhansky, a evolução é equiparada à história, impossibilitando que se possa certificar a repetibilidade extraterrestre do homem. Cauteloso quanto a qualquer conclusão, sugere a singularidade "espiritual" do homem, advertindo que o anti-antropocentrismo tornou-se um novo dogma filosófico. Como Dyson, distingue no pluralismo uma posição que vem se impondo de modo discutível, através de premissas filosóficas implícitas em seu discurso.

Mesmo que a SETI seja, a seu ver, "inteiramente sensata segundo as perspectivas que a teoria evolutiva pode oferecer", o julgamento do também biólogo Stephen Jay Gould sobre a exobiologia é bastante severo: "Devo confessar que sempre vi essa literatura como árida e inconclusiva, excessivamente misturada com a esperança e a incerteza para alcançar qualquer conclusão respeitável."

À descrença biológica opõe-se o otimismo astronômico, com seus bilhões de estrelas, onde, hipoteticamente, a inteligência técnica poderia ter evoluído.

9. Os mensageiros

— É bom renovar nossa capacidade de assombro — disse o filósofo. — A viagem espacial nos torna crianças outra vez.

Ray Bradbury

As pioneiras

No início dos anos 1970 foram lançadas duas sondas espaciais que deverão escapar do abraço gravitacional do sistema solar, tornando-se os primeiros objetos de fabricação humana a ingressar no meio interestelar.

Lançada em março de 1972, a *Pioneer 10* passou a apenas 132.000km de Júpiter, em dezembro de 1973. A *Pioneer 11*, enviada ao espaço do Cabo Canaveral, em abril do mesmo ano, aproximou-se de Saturno em 1979. As *Pioneer* constituíram a onda inicial de exploradores do espaço profundo, abrindo uma nova era nos estudos dos longínquos planetas exteriores. Devido aos longos intervalos necessários para que uma espaçonave atinja os planetas mais afastados, seus componentes devem apresentar uma elevada confiabilidade. Basta o mau funcionamento de um sistema fundamental para que um projeto de longos anos de pesquisa e testes seja irremediavelmente perdido. Infelizmente, não há oficinas mecânicas no espaço! A redundância é a resposta a esse problema. Duplicando-se os principais mecanismos de uma nave, caso o principal deixe de operar, seu clone passa a funcionar imediatamente. O princípio da redundância foi aplicado pela NASA na duplicação de algumas importantes missões, tais como os pares *Pioneer 10* e *11* e *Voyager 1* e *2*. A astronáutica só pode existir ao lado de uma tecnologia sofisticada, que torne os veículos cada vez mais independentes de qualquer auxílio externo.

Viajando a 11,5 quilômetros por segundo, as *Pioneer* carregam as primeiras mensagens orientadas a inteligências extraterrestres, embora, muito provavelmente, não entrem em qualquer sistema planetário nos próximos bilhões de anos. Conduzem uma placa de alumínio anodizada a ouro, medindo 15cm por 22,5cm, montada na parte externa da fuselagem, no suporte da antena.

A placa da *Pioneer*, concebida por Carl Sagan, sua esposa Linda e Frank Drake, apresenta um esquema da transição hiperfina do átomo de hidrogênio no meio interestelar, a qual se associa o número binário 1. Como tal transição resulta na emissão de radiação de comprimento de onda de 21cm, esta será a unidade de comprimento utilizada na placa. A representação da própria nave, com indicação de seu tamanho e distância, em relação ao sistema solar, de 14 pulsares, no momento do lançamento da sonda, permitiria a um ET determinar o local e a época de seu lançamento. Ao esboço do sistema solar, apontando-se a trajetória realizada pela sonda em seu interior, adiciona-se o desenho de um casal humano. Como o próprio Sagan reconhece, “os seres humanos são a parte mais misteriosa da mensagem”.

A placa foi planejada de forma a permitir, a alguma inteligência extraterrestre científica e tecnologicamente similar, a compreensão da natureza e localização dos emissores. Na escolha do hidrogênio, seus idealizadores acreditavam que “essa transição fundamental do mais abundante átomo da Galáxia seria facilmente reconhecida pelos físicos de outras civilizações”.

Sons da Terra

Em 1977, mais uma vez, duas espaçonaves norte-americanas foram lançadas para a investigação dos grandes planetas gasosos, depois do que mergulharão no espaço interestelar. Partindo em agosto e setembro de 1977, propelidas pelos poderosos foguetes

Titã Centauro, as naves automáticas *Voyager* portam um disco de cobre, recoberto de ouro, contendo mensagens a uma inteligência extraterrestre (ver FIGURA 13).

13. *Voyager* encontrada por uma nave extraterrestre — ficção científica?

Sucessor da placa da *Pioneer*, encontramos no disco 116 ilustrações variadas, 90 minutos de música, uma seleção de sons da Terra, saudações em 55 idiomas e alocuções do presidente dos EUA, Jimmy Carter, e do secretário-geral das Nações Unidas, Kurt Waldheim. Por determinação do Senado norte-americano, o disco também contém uma lista de políticos envolvidos com as atividades da NASA.

Na capa encontra-se um esquema explicativo do dispositivo a ser utilizado para a leitura do disco, ao qual se acrescenta, ao lado, em aritmética binária, seu tempo de rotação. Esse tempo é dado, em similaridade ao procedimento adotado na *Pioneer*, em termos da transição do átomo de hidrogênio. Os outros esquemas visam explicar a composição de imagens através dos sinais gravados, a localização do sistema solar relativamente a um conjunto de pulsares e a transição hiperfina do átomo de hidrogênio. Outra forma de estabelecer a época de lançamento da astronave é fornecida por uma amostra pura de urânio fixada na capa do disco (bastando comparar a quantidade de isótopos ao urânio restante, no momento em que a nave for recolhida).

As ilustrações contêm, entre outras, imagens do Sol e dos planetas, diagramas do DNA, anatomia e desenvolvimento intrauterino humano, diagrama da formação continental, fotografias de paisagens, animais terrestres e atividades humanas. Entre os sons da Terra, encontramos aviões, vulcões, ventos, aves e a fala humana. A parte musical incluiu a seleção de 25 obras, entre contemporâneas e tradicionais, de diversos países.

Também dirigida por Carl Sagan, a elaboração do disco da *Voyager* envolveu uma equipe bem mais vasta do que aquela responsável pela mensagem da *Pioneer*. A possibilidade de que as *Pioneer* e *Voyager* — e sondas semelhantes — venham a ser encontradas é tremendamente remota, embora *Jornada nas estrelas — O filme* parta exatamente desse princípio.

MENSAGENS PARA OS ETS

Em 1974, instalou-se no radiotelescópio do NAIC (National Astronomy and Ionospheric Center ou Centro Nacional Astronômico e Ionosférico), situado em Arecibo, Porto Rico, um novo transmissor com meio milhão de watts de potência. O sinal do maior radiotelescópio do mundo poderia, desse modo, ser recebido por aparelhos semelhantes em distâncias da ordem dos milhares de anos-luz. Este foi o mais poderoso sinal de rádio já emitido pelo homem.

Sua inauguração, por sugestão de Frank Drake, seria realizada através do envio de uma mensagem interestelar. Aplicando uma concepção por ele mesmo aventada anteriormente, a mensagem deveria ser composta como um quadro de televisão, através de linhas e colunas. A mensagem consistiu de 1.679 caracteres (por este ser o produto de dois números primos), enviados durante três minutos, à razão de 10 por segundo. A distinção entre os caracteres binários foi efetivada enviando-se os sinais com uma diferença de freqüência da ordem de 75Hz, tendo como freqüência básica 2.380MHz. A freqüência enviada não foi a do "buraco d'água", embora recaísse na zona menos ruidosa do espectro.

Na mensagem, Drake inseriu os seguintes elementos: os 10 primeiros algarismos; os números atômicos dos elementos hidrogênio, carbono, nitrogênio, oxigênio e fósforo; composição e fórmula da hélice do DNA; representação e tamanho do ser humano (em termos do comprimento de onda da mensagem, 12,6cm); população humana da Terra; esquema do sistema solar, destacando-se o terceiro planeta; e esboço e tamanho do radiotelescópio de Arecibo.

No dia 16 de novembro de 1974, a mensagem foi enviada em direção ao aglomerado globular M13, localizado na constelação de Hércules, composto por 300.000 estrelas e situado a 25.000al da Terra. No caso do sinal ser recebido e a mensagem compreendida, teremos que esperar ainda 50.000 anos, tempo necessário para a viagem de ida e volta ao aglomerado.

Essa foi a primeira mensagem de rádio dirigida explicitamente a uma hipotética inteligência extraterrestre. Desde que se iniciaram as transmissões de rádio e televisão, nossa presença pode ser detectada por uma tecnologia extraterrestre galática. A potência dos sinais emitidos pelas nossas antenas devassa a atmosfera terrestre e lança no espaço interestelar uma avalanche de programas diários, propagando-se à velocidade da luz.

A interpretação dos "radioglifos" certamente traria problemas não apenas a um ET, mas aos próprios homens. Drake lembra que uma mensagem semelhante, concebida por ele no início da década de 1960, havia sido decodificada por apenas *um* cientista: "quase todos os membros da elite da Ordem dos Golfinhos não foram capazes de interpretar a mensagem. Nunca tendo visto uma mensagem desse tipo, não ocorreu a eles tentar a forma de um quadro". A "Ordem dos Golfinhos", sociedade informal criada após o primeiro encontro SETI, em 1961, congregou cientistas interessados nesta área.

O filósofo Lewis Beck discorda da aparente universalidade desses esquemas, lembrando que a provável diferenciação dos aparelhos sensoriais, entre humanos e extraterrestres, teria como conseqüência a impossibilidade do reconhecimento dos padrões de imagens. A compreensão de uma figura bidimensional subentende, na verdade, uma similitude das histórias evolutivas, de modo a propiciar sua inteligibilidade. A denotação dos sinais restaria, assim, como um problema fundamental para o empreendimento de uma CETI.

Significativo nesses episódios — as placas e discos das sondas interplanetárias e a mensagem de Arecibo — não é propriamente a natureza dessa tentativa de CETI — sabidamente condenada ao fracasso em nossos limitados intervalos de tempo —, mas sim o que ela representou para os partidários do pluralismo enquanto materialização de suas elucubrações.

10. ELES ESTÃO AQUI?

> Nem o Sol tinha o aspecto que tem, quando visto da Terra: à sua volta não havia nenhuma auréola, nenhuma coroa; parecia um enorme disco incandescente cravado no veludo negro do espaço cósmico. E o próprio Cosmo, por sua vez, parecia um poço sem fundo.
>
> Alexei Leonov

Desde que, após a II Guerra Mundial, difundiu-se internacionalmente a idéia de que a Terra está sendo visitada por naves de civilizações extraterrestres, os discos voadores tomaram um lugar especial na imaginação popular.

A literatura ufológica, desde 1947, ano do "primeiro caso", alcançou uma monumental produção, variando do relato acusatório do capitão da USAF Edward J. Ruppelt às interpretações históricas e arqueológicas delirantes de Erich von Daniken.

JUNG E A UFOLOGIA

Em 1958, o psicanalista suíço Carl Jung publicou uma investigação psicológica do fenômeno ufológico, enquadrando-o como uma projeção arquetípica moderna e de expressão tecnológica. Apesar de não se declarar preocupado com os aspectos físicos do fenômeno OVNI (Objeto Voador Não-Identificado), Jung admite um substrato físico a este, no qual conteúdos inconscientes projetar-se-iam em acontecimentos reais, embora de natureza indefinida. Como manifestação de uma epifania recorrente na história, advinda do céu, os OVNIs acenariam para a "expectativa de um acontecimento libertador extraterrestre". A obra de Jung representou um dos primeiros tratamentos psicanalíticos das teses ufológicas. Na literatura, Arthur Clarke situou o contato como um ponto de inflexão histórica global, caracterizando o que ele denominou de *O fim da infância*.

A abordagem psicológica e psiquiátrica tornou-se, atualmente, uma das vias de exame da ufologia, particularmente com a análise das alegações de abdução, o suposto rapto por extraterrestres. Para a psicóloga Susan Blackmore, professora universitária em Bristol, a abdução não constitui um fenômeno extraterrestre, mas sim uma manifestação da denominada paralisia do sono, que acontece entre o estado da vigília e o do sono. Nesse momento peculiar (e aterrorizante), são produzidas alucinações variadas, visuais e sonoras, que poderiam ser tomadas como um contato com um alienígena.

A HIPÓTESE NULA

Nos Estados Unidos, a organização privada CSICOP (Committee for the Scientific Investigation of Claims of the Paranormal ou Comitê para a Investigação Científica das Alegações de Paranormalidade) destaca-se pela militância cética em relação à ufologia. Desde 1976, o CSICOP vem se dedicando sistematicamente ao exame de relatos de avistamentos de objetos voadores não-identificados, através de seu Subcomitê UFO, sempre sem encontrar evidências convincentes de uma efetiva comprovação da existência presente e local de ETs.

A posição de dois de seus mais ativos polemistas é paradigmática da análise do CSICOP. Robert Sheaffer acusa a ufologia de consistir numa *hipótese nula*, sem qualquer fundamento científico. Martin Gardner, em seu corrosivo histórico das pseudociências, considera os discos voadores uma "alucinação". A recorrente revelação de fraudes nas fotografias de discos voadores reforça tal posicionamento extremo, cujo objetivo é demonstrar a malícia e a inconsistência da proposta ufológica.

Por outro lado, Joseph Allen Hynek, astrofísico norte-americano conhecido por diversos trabalhos em evolução estelar, acabou por se tornar um dos mais destacados ufólogos. Defensor da tese da legitimidade da criação de um estudo específico do fenômeno, pois "nem todos [os OVNIs] são interpretações errôneas ou fraudes", Hynek buscou dar à ufologia um status de cientificidade, a partir da perspectiva de que "o OVNI represente alguma coisa realmente nova na ciência".

A clássica posição ufológica — que persiste até hoje — sustenta que a Terra está sendo visitada por naves espaciais extraterrestres. Paralelamente, os ufólogos adotam uma tese conspiratória, segundo a qual as agências governamentais — basicamente as norte-americanas — vêm sistematicamente omitindo informações ao público sobre a descoberta e captura de alienígenas.

A profunda crença popular a respeito da existência atual de visitantes extraterrestres motivou alguns exobiólogos a tratarem do problema, demarcando seu próprio campo de atuação.

Nos anos 1960, o soviético Khovanov especulava sobre a presença de ETs em nosso passado, pois: a) a taxa de desenvolvimento de qualquer civilização extraterrestre é semelhante à terrestre; b) todas estariam capacitadas ao vôo interestelar; e c) realizariam a exploração e/ou colonização espacial.

Entretanto, os cientistas envolvidos na SETI e na pesquisa espacial são praticamente unânimes em rejeitar a afirmação de que tais naves comprovadamente existam. Isso não significa recusar a possibilidade remota de que os assim chamados OVNIs realmente correspondam a máquinas de inteligências tecnológicas extraterrestres.

Carl Sagan, em *O romance da ciência*, expõe de maneira clara aquela que pode ser considerada a posição consensual dos exobiólogos:

> Os discos voadores, ou OVNIs, são bem conhecidos de todos. Mas ver uma luz estranha no céu não significa que estejamos sendo visitados por seres do planeta Vênus ou de uma galáxia distante de nome Spectra. ... Nossos laboratórios são muito sofisticados. Um produto de fabricação alienígena pode prontamente ser identificado como tal. No entanto, ninguém jamais trouxe ao menos um peque-

> no fragmento de espaçonave alienígena para ser submetido a algum teste físico — muito menos o diário de bordo do capitão da nave estelar. ... Quando o embuste e as alegações simplistas forem excluídos, parece que nada restará para ser estudado.

De forma similar, o SETI Institute, que é a mais importante instituição privada exclusivamente dedicada a essa pesquisa, considera que, "em acréscimo à improbabilidade de que tenhamos sido visitados por extraterrestres, não há evidência científica para prová-la. Relatos pessoais não representam evidência física ou verificável. Essas razões são suficientes para excluir os UFOs dos objetivos de pesquisa do SETI Institute".

Podemos situar os discos voadores além da circunscrição das abordagens exobiológicas. Localizada fora dos limites estipulados pela comunidade científica para a análise da questão da vida extraterrestre, a ufologia permanece como um território de contornos extremamente polêmicos.

Há uma variedade muito grande de fenômenos naturais — geológicos, meteorológicos e astronômicos — e humanos que podem gerar objetos cujo reconhecimento não é imediato. Nuvens brilhantes e que apresentam formato lenticular podem ser facilmente confundidas com discos voadores.

A característica mais peculiar dos relatos que envolvem discos voadores reside no fato de que são sempre habitados por humanóides. Os estudos de evolução biológica parecem indicar que o surgimento de formas de vida em outras superfícies planetárias daria origem a fenótipos distintos dos terrestres, pois as condições físico-químicas nesses planetas seriam diferentes. A evolução é um processo casual, o que não conduz à simples reprodução do padrão humano em toda a Galáxia.

O apelo a soluções miraculosas e psicologicamente confortadoras, como indicado por Jung, é marcante na ufologia. Não é de se estranhar que tantos relatos recaiam na figura de um extraterrestre sábio e poderoso, quase sempre tolerante com as estripulias da jovem espécie humana. Quem não lembraria, em tal retrato de um ser filosófica e tecnologicamente superior, da figura paterna traçada por Freud como substrato da própria idéia de Deus? Não seriam os supostos viajantes interestelares mais uma das materializações do pensamento religioso, atualizado e adaptado aos tempos de espaçonaves interplanetárias e jipes lunares? Afinal, pouco atrativo teriam para os gamemaníacos e outras tribos contemporâneas as bruxas medievais montadas em prosaicas vassouras ou duendes perambulando por bosques.

Sintomaticamente, durante o período da Guerra Fria, os extraterrestres baixavam dos céus para avisar aos tolos terráqueos que a corrida atômica precisaria ser detida, pois a "Comunidade Galática" estava apreensiva! Como se uma guerra nuclear no terceiro planeta de uma estrela da periferia da Via Láctea pudesse influir em astros situados a centenas de trilhões de quilômetros... Um dos grandes clássicos do cinema de ficção científica, *O dia em que a Terra parou*, tem como protagonista um extraterrestre bem intencionado, às voltas com uma humanidade belicista.

Ao desconhecimento astronômico soma-se a ingenuidade antropocêntrica, imaginando que as picuinhas políticas de um insignificante intervalo da história planetária possam ter uma dimensão cósmica.

11. Instituições e programas

E ao brilho caminhamos das estrelas.

Dante

Gradativamente, a partir da ampliação de suas pesquisas, a exobiologia e a SETI começaram a ganhar contornos institucionais. Em 1974, em Genebra, um encontro do Conselho Consultivo Internacional de Rádio detectou a necessidade de discutir a proteção das freqüências de rádio utilizadas para a SETI, considerando que "muitos cientistas acreditam que a vida inteligente é comum em nossa galáxia".

Em 1982, a IAU (International Astronomical Union ou União Astronômica Internacional) formou uma comissão dedicada à temática exobiológica, a Comissão 51, intitulada Bioastronomia — Pesquisa de Vida Extraterrestre.

Nesse mesmo ano, M. Papagiannis lançou, para a IAU, um boletim sobre exobiologia, intitulado *Bioastronomy News*.

O nível dos trabalhos, em meados da década de 1970, pode ser aferido por um questionário enviado por Philip Morrison a 35 diretores de rádio observatórios. Das 17 respostas recebidas, menos da metade indicava a realização de uma SETI. Dos nove programas observacionais encontrados, cinco localizavam-se nos EUA (sendo três no NRAO), um no Canadá (Rádio Observatório Algonquim) e três na URSS. Destes, aproximadamente 70% envolveram a busca na linha do hidrogênio.

Uma década mais tarde, a pesquisadora Jill Tarter sumariava todos os projetos SETI efetivados até fevereiro de 1984 e, apesar dos apelos da resolução final de Byurakan, até essa data não havia se realizado nenhuma pesquisa de cunho internacional. Liderada pelos EUA e URSS, a SETI, desde "Ozma", já envolveu pesquisas em países como Canadá, Holanda, França, Alemanha e Austrália.

Em 1984, realizou-se o primeiro simpósio sobre SETI organizado pela IAU, em Boston. O segundo ocorreu na Hungria, em 1987, com mais de 80 participantes, de 12 países. Na América Latina, o primeiro encontro SETI realizou-se em Buenos Aires, em 1985, lançando as raízes de um programa para o hemisfério sul, além das observações realizadas na Austrália.

Paralelamente aos trabalhos dos grandes institutos científicos, alguns projetos amadores em SETI foram levados adiante no Canadá e nos Estados Unidos, como o programa Bambi.

Os observatórios em destaque foram o NRAO e o NAIC. O primeiro liderou as pesquisas até meados da década de 1970 e o segundo, posteriormente, englobando aproximadamente 30% da SETI.

MALETA SETI

No início da década de 1980, a Planetary Society apoiou o projeto de Paul Horowitz, intitulado Maleta SETI, voltado para a análise das "freqüências mágicas", como a dos 21cm. O projeto examinou sinais em freqüências bem delimitadas, num total de 65.000 canais. Instalado no Observatório de Arecibo, perscrutou mais de 200 estrelas próximas, do tipo solar, com resultados negativos.

Em 1983, o Projeto Sentinela iniciou suas operações, na Universidade de Harvard, sob a direção do mesmo Paul Horowitz e, novamente, o financiamento privado da Planetary Society. Instalado numa antena de 26m, com capacidade de exame de 131.000 canais de rádio, foi uma das únicas pesquisas SETI regulares naquela época.

A ampliação do Sentinela, em 1985, permitiu o exame de 8 milhões de canais, num novo projeto denominado META (Million-channel Extraterrestrial Assay). Essa aparelhagem permitiria a detecção de sinais de rádio em distâncias da ordem do milhar de anos-luz. A construção de compactos e poderosos analisadores de canais vem permitindo a constante ampliação das pesquisas.

Os 100 mil dólares necessários à construção do novo aparato originaram-se do responsável pelos maiores lucros já obtidos com a utilização comercial das imagens de supostos extraterrestres, o diretor cinematográfico Steven Spielberg.

O MANIFESTO PLURALISTA

Em 1982 foi publicado um manifesto pró-SETI que, para Thomas McDonough, "forneceu provas concretas aos críticos da SETI da respeitabilidade científica do programa". Elaborado por Carl Sagan, o documento intitulava-se "Inteligência extraterrestre: uma petição internacional", tendo sido veiculado na revista *Science*. Assinado por mais de 60 pesquisadores, muitos deles laureados com o Prêmio Nobel, foi o primeiro requerimento internacional de apoio à SETI após o encontro de Byurakan, em 1971. A maioria dos signatários é constituída por astrônomos, físicos e biólogos, historicamente ligados ao tema.

O manifesto tinha um alvo preciso: a escola singularista e seu recente impulso, com a polêmica lançada por Tipler no início dessa mesma década.

INSTITUCIONALIZAÇÃO

Uma das primeiras reuniões científicas sobre o tema da exobiologia realizou-se em Flagstaff, durante um encontro da Sociedade Astronômica do Pacífico, em junho de 1957. Sob a coordenação de Hubertus Strughold, envolveu a apresentação de trabalhos sobre areologia e fisiologia espacial, um campo emergente e fundamental para a concretização do vôo espacial tripulado.

Segundo Strughold, "um campo intermediário entre a astronomia e a biologia tomou forma e tem sido chamado de astrobiologia, voltado para os problemas da vida em outros corpos celestes". A denominação astrobiologia foi sugerida e utilizada inicialmente por Gabriel Tikhov, cuja produção vinha sendo acompanhada pelos cientistas norte-americanos.

O claro avanço da exobiologia no escopo da agência espacial norte-americana tornou-se evidente com a criação, no final dos anos 1990, do NAI (Nasa Astrobiology Institute ou Instituto de Astrobiologia da NASA), atualmente dirigido por Baruch Blumberg, ganhador do Prêmio Nobel de Medicina e Fisiologia em 1976. Inicialmente uma entidade quase virtual, interligando centros da NASA e universidades, está sediado no Ames Research Center, em Moffet Field, e tem como objetivo a realização de pesquisas exobiológicas. A NASA também conduz um Programa de Exobiologia, ligado à Divisão de Ciências Espaciais, em Washington, D.C. Em 1962, biólogos reunidos por essa instituição concordaram em que seu "objetivo na ciência espacial é, antes de mais nada, a busca da vida extraterrestre".

O COSPAR (Committee on Space Research ou Comitê de Pesquisa Espacial) mantém uma subcomissão de Biologia Planetária e Origens da Vida, relacionada à "emergente ciência da exobiologia". No âmbito da IAU, a Comissão 51 — Bioastronomia — perdeu sua autonomia, tornando-se parte, desde agosto de 1994, da Divisão de Ciências de Sistemas Planetários. Naquela que é a maior associação internacional não governamental ligada ao espaço, a IAF (International Astronautical Federation ou Federação Internacional de Astronáutica), estabeleceu-se um Comitê SETI, como parte da IAA (International Academy of Astronautics ou Academia Internacional de Astronáutica).

PROGRAMAS SETI EM ANDAMENTO

A NASA iniciou, em 1992, como parte dos eventos de comemoração dos 500 anos de descoberta da América, um amplo projeto SETI, o maior até então surgido, intitulado HRMS (High Resolution Microwave Survey). O programa da NASA, cobrindo a principal região do espectro eletromagnético de interesse exobiológico (de 1GHz a 10GHz), seria operacionalizado em duas frentes:

a) uma pesquisa geral do céu (All-Sky Survey), numa larga faixa de freqüências (1GHz a 10GHz) e menor sensibilidade, e

b) uma pesquisa direcionada (Targeted Search), envolvendo 800 estrelas em freqüências ao redor do "buraco d'água" (1,2GHz a 2,0GHz).

Com a meta de realizar um levantamento exaustivo da esfera celeste, por um período de 10 anos, o HRMS utilizaria os principais radiotelescópios do mundo. Entretanto, em 1993, com um ano de atividades, o projeto teve suas verbas cortadas integralmente pelo Congresso norte-americano.

Com a eliminação do megaprograma da NASA, surgiu o Projeto Phoenix, administrado pelo SETI Institute. Organização privada, está voltada exclusivamente para a SETI e empreendimentos educacionais nessa área, conduzindo mais de duas dezenas de projetos relacionados à evolução química, origem da vida e radioastronomia. Criado em 1984, vem permitindo a continuidade de diversos projetos exobiológicos, representando um marco na institucionalização desse campo de pesquisas. Organizações não-governamentais, como a Planetary Society, sediada na Califórnia, têm um programa próprio de pesquisas.

Entre os programas SETI em andamento nos últimos anos, destacaríamos:

- Big Ear — conduzido pelo Rádio Observatório da Universidade de Ohio, foi o mais prolongado programa SETI em execução ininterrupta, com dedicação exclusiva do radiotelescópio (já demolido). Com o objetivo de observar o céu simultaneamente e em todas as direções, está sendo projetado Argus, o radiotelescópio sucessor de Big Ear.
- COSETI (Columbus Optical SETI Observatory) — baseado na idéia da busca de sinais contínuos e pulsos de laser emanando de ETs localizados em estrelas próximas, Stuart Kingsley construiu o Columbus Optical SETI Observatory, em Hilliard, Ohio. O Observatório Columbus representa a retomada das idéias de pesquisa com a utilização da faixa visível e infravermelha do espectro, concebida originalmente na década de 1960.
- Projeto META — META, conduzido pela Planetary Society, dividiu-se em dois segmentos: nos Estados Unidos desenrolou-se META I, e, na Argentina, META II. No final de 1995, a capacidade de análise de canais foi ampliada, gerando o Projeto BETA I — "Billion-channel Extraterrestrial Assay", dedicado a análises no "buraco d'água". Em março de 1999, a antena de 26m, localizada em Harvard, Massachusetts, foi danificada durante uma tempestade, interrompendo a pesquisa. Como ilustração das dificuldades téc-

nicas envolvidas, assinale-se que, dos 100 trilhões de sinais analisados no Projeto META I, tão-somente 37 foram selecionados para posterior verificação. No hemisfério celeste austral, o Projeto META II relacionou 19 sinais suspeitos. Como esses eventos não se repetiram, sua natureza permaneceu indeterminada.

- Projeto Phoenix — herdeiro da "Targeted Search" (HRMS), o Projeto Phoenix vem examinando, desde 1995, estrelas próximas do tipo solar, a partir, inicialmente, do Radiotelescópio Parkes, localizado na Austrália. O hemisfério celeste norte foi examinado com as antenas de Green Bank e Arecibo. Phoenix abrange a faixa espectral de 1GHz a 3GHz, com processamento em tempo real de sinais contínuos e pulsados, tendo já analisado estrelas situadas a até 200al de distância. Com orçamento anual de mais de três milhões de dólares, é o maior programa privado de radioastronomia.
- SERENDIP IV — SERENDIP (Search for Extraterrestrial Emission from Nearby Developed Intelligent Populations), na Universidade da Califórnia-Berkeley, conta com um analisador de mais de 100 milhões de canais, visando verificar os sinais recebidos, para finalidades astronômicas convencionais (*piggyback*), pela antena de 305m do Observatório de Arecibo. Iniciado em 1979, passou a ter um congênere no hemisfério sul, denominado SERENDIP Austral, cujas pesquisas começaram em 1998, no Radiotelescópio Parkes, na Austrália, com capacidade de analisar 58 milhões de canais de rádio.
- Projeto Argus — coordenado pela organização privada norte-americana SETI League, voltada para a SETI, Argus iniciou suas buscas, no espectro das microondas, em 1996, com cinco radiotelescópios.
- SETI@home — iniciado em 1999, utiliza computadores pessoais conectados via internet para a análise de emissões de rádio recebidas pelo Observatório de Arecibo. Com mais de dois milhões de usuários distribuídos em todo o mundo, o programa funciona como um *screen saver*, obtido gratuitamente através da rede, tendo já totalizado mais de 280.000 anos de tempo computacional!

Além dos projetos anteriormente citados, uma medida do interesse crescente na área é fornecida pelo aparecimento de periódicos especializados, embora apenas na área de divulgação. Nos últimos anos surgiram publicações regulares exclusivas sobre o tema, como *Bioastronomy News*, *SETI*Quest, *SETI* News, *Signals* e *SearchLites*, embora algumas já tenham perecido. Uma das mais antigas revistas foi — a já extinta — *Cosmic Search*, editada, a partir de 1979, por exobiólogos da Universidade de Ohio.

O SUL

Aos que imaginam que apenas no hemisfério norte é produzida pesquisa científica de vanguarda será uma surpresa constatar que, desde 1986, os argentinos conduzem um programa de radiodetecção de inteligências extraterrestres. Em parceria com os cientistas e técnicos da Planetary Society, os astrônomos portenhos desencadearam, quatro anos depois, no IAR (Instituto Argentino de Radioastronomia) o projeto META II, até o momento a mais extensa busca realizada nos céus austrais. Um dos mais destacados pesquisadores argentinos é Guillermo Lemarchand, autor de uma excelente obra de introdução à exobiologia e editor de *Bioastronomy News*.

No Uruguai, já se organizaram dois ciclos de conferências intitulados *Vida y cosmos*, em 1988 e 1995, pela Universidade da República, para discutir os múltiplos temas relacionados à busca dos extraterrestres. Infelizmente, a exobiologia e a SETI ainda não foram abordadas pela ciência brasileira.

Duas décadas antes de o programa argentino ser iniciado, os céus do hemisfério sul passaram a ser rastreados por radiotelescópios sediados na Austrália, como a antena de 64m localizada em Nova Gales do Sul e o DSS 43, instrumento da Rede de Espaço Profundo da NASA.

12. MARTE

> Duas coisas causam-me crescente admiração e respeito quanto mais intensamente medito sobre elas: o céu estrelado sobre mim e a lei moral em mim.
>
> Immanuel Kant

IN LOCO!

A primeira missão espacial com objetivos claramente exobiológicos teve como meta, como não poderia deixar de ser, o planeta Marte. O programa Viking, dirigido pela NASA, representou a seqüência da exploração conduzida pelas sondas da família Mariner, que iniciaram o desvelamento do Planeta Vermelho.

A sonda *Viking 1* foi lançada em setembro de 1975, atingindo o solo marciano, na região de *Chryse Planitia*, em 20 de julho de 1976. Partindo em agosto de 1975, a *Viking 2* pousou em *Utopia Planitia* em 3 de setembo de 1976. Enquanto experimentos eram realizados na superfície pelos módulos de aterrissagem, as duas naves orbitadoras mapearam o planeta, produzindo milhares de imagens. Os módulos de pouso, conhecidos como *Lander*, tinham as seguintes características: câmera; braço telecomandado para introdução de porções do solo no interior da nave; estação meteorológica; e laboratório biológico para detecção de microorganismos.

Os experimentos da *Viking* foram executados através da exposição do solo marciano a uma amostra dos gases monóxido de carbono e dióxido de carbono e de sua mistura com amostras de água e nutrientes. No segundo caso, formar-se-ia uma espécie de caldo propício à atividade biológica, se esta de fato existisse. Embora alguns cientistas ainda permaneçam esperançosos quanto à possibilidade de existência de vida em Marte, como Fred Hoyle, as experiências da *Viking* parecem ser melhor explicadas em termos de reações químicas abióticas (sem a ação de seres vivos).

Ainda valem, certamente, as afirmações do cientista planetário Bruce Murray, ao discutir a missão *Mariner 9*:

> Assim, a visão otimista de Marte não é apenas uma visão popular. Ela afeta profundamente a ciência e não estou certo de que já estejamos livres dela. Meu ponto de vista pessoal é de que ainda somos tão cativos de Edgar Rice Burroughs e Lowell que é preciso que os fatos observados caiam sobre nossas cabeças para nos dar as respostas certas.

A não detecção de formas de vida marcianas certamente frustrou a mais esperada das experiências exobiológicas ao confirmar, até o momento, a singularidade terrestre no interior do sistema solar.

O CASO DO METEORITO ANTÁRTICO

Em *The Thing*, os diretores cinematográficos Christian Nyby, em 1951, e John Carpenter, em 1983, situaram nas vastidões geladas dos pólos o local do primeiro encontro com uma forma de vida extraterrestre. Pouco mais de uma década após Carpenter ter feito um alienígena emergir dos rigores antárticos, um anúncio eletrizou as agências internacionais de notícias: uma equipe de cientistas havia se deparado, nas elevações ao sul da Terra de Vitória, com um meteorito — denominado ALH84001 — que portaria evidências de vida extraterrestre.

Se confirmado, o relato dos exobiólogos norte-americanos colocaria um ponto final em milhares de anos de controvérsias filosóficas, religiosas e científicas, ao assegurar a presença — pretérita, no caso — de uma forma de vida não-terrestre.

Para a equipe de cientistas da NASA, liderada por David McKay, os materiais encontrados no interior do meteorito "poderiam ser remanescentes fósseis de uma antiga biota marciana". Os resultados da investigação meteorítica convergem com alguns estudos sobre a história climática de Marte, indicadores de um passado suficientemente quente e úmido para assegurar a evolução biológica.

Em virtude da natureza indireta da interpretação biótica do meteorito, concepções alternativas — inorgânicas — têm se apresentado. Nesse caso, as características encontradas no ALH84001 denotariam uma origem a temperaturas elevadas, e, por conseguinte, não biológica.

A partir de meados da década de 1970, a Antártida tornou-se o mais importante local de coleta de fragmentos meteoríticos, e a região onde foi recolhido o ALH84001 é a de maior concentração (ver FIGURA 14). Centro de uma polêmica que alcançou os principais veículos internacionais de divulgação científica, o meteorito ALH84001, um dos 14 de origem marciana, foi considerado, até

14. Impacto meteorítico na Antártida.

1984, um objeto relativamente comum. Os ecossistemas antárticos, há alguns anos, vêm sendo pesquisados por exobiólogos, pois poderiam fornecer um modelo aproximado da adaptação das formas de vida marcianas ao ambiente inóspito que hoje predomina no quarto planeta.

A possibilidade de detecção de microfósseis marcianos, no entanto, já vinha sendo objeto de sugestão de planetologistas da NASA, tendo em vista as futuras missões de exploração direta da superfície marciana. Jack Farmer, do Ames Research Center, intitulou essa hipotética nova disciplina de "exopaleontologia".

As alegações de detecção de formas de vida extraterrestres em meteoritos têm sua própria história. Bartholomew Nagy e George Claus, em 1961, relataram a detecção de elementos bióticos em meteoritos carbonáceos (denominados Orgueil e Ivuna), concluindo que "elementos organizados podem ser microfósseis nativos do meteorito". Assim como ocorre atualmente, esse artigo gerou grande polêmica no meio científico, relativa à interpretação dos indícios encontrados, envolvendo pesquisadores tradicionalmente afeitos às questões da origem da vida e da vida extraterrestre, como John Bernal e Harold Urey. Posteriormente, as análises acabaram por revelar a contaminação dos aerólitos por grãos de pólen, deitando por terra as esperanças exobiológicas.

Se a análise da equipe de McKay obtiver suporte de outros grupos de pesquisadores, isso implicaria que, pelo menos no interior do sistema solar, a química biótica baseada no carbono seria dominante, o que, assim como no caso dos planetas extrasolares, teria importância nas avaliações da Equação de Drake. Para o físico e divulgador científico Paul Davies, as conseqüências iriam mais além, acarretando a revitalização das idéias de Arrhenius, pois "a descoberta de um micróbio extraterrestre contendo DNA ... poderia sugerir algum tipo de cenário panspérmico".

SOMOS MARCIANOS?

Em *Pálido ponto azul*, lançado pouco antes do anúncio da equipe da NASA sobre o meteoro marciano, Carl Sagan, repercutindo

Arrhenius, especulava que "se descobríssemos vida em Marte e verificássemos que é muito semelhante à vida na Terra ... a proposição de que a vida foi transferida há muito tempo pelo espaço interplanetário teria de ser levada à sério". Levando o raciocínio ao seu extremo, descobriríamos que, após tantos anos de debates, *nós somos os marcianos*. Há mais de quatro décadas, Briggs profetizava que "todas as vezes que nos olhamos no espelho talvez estejamos vendo um marciano". O cinema já agregou o conceito da panspermia — dirigida, neste caso. No filme *Missão: Marte*, os primeiros exploradores humanos do Planeta Vermelho descobrem que a vida terrestre resultou da ação deliberada de astronautas marcianos, há centenas de milhões de anos.

Além do ALH84001, o meteorito EETA79001 também foi cogitado como um possível detentor de resíduos de atividade biótica. Em 1989, uma equipe inglesa apresentou os resultados da análise desse meteorito marciano, com algumas conclusões similares às anunciadas pela NASA. As investigações do grupo da Open University indicam uma datação de apenas 600.000 anos atrás para a atividade biológica em Marte, ao passo que para o ALH84001 esse valor poderia atingir 3,6 bilhões de anos.

Após esse achado, a NASA reativou seu programa de exobiologia, com o envio de uma série de naves automáticas a Marte, a busca de planetas extra-solares, a criação do Instituto de Astrobiologia e do Programa Origens, destinado a investigações que vão da origem das galáxias à da vida além do sistema solar.

13. Notícias do front

> Esperemos, portanto, que não esteja longe o dia em que a Terra aparecerá aos olhares dos primeiros cosmonautas como um ponto luminoso no espaço cósmico.
>
> A. Sternfeld

Carl Sagan

No final dos anos 1950, o físico e romancista britânico C.P. Snow publicou *The Two Cultures and the Scientific Revolution*, livro que reacendeu a polêmica sobre a existência de duas culturas no mundo moderno, a científica e a humanista. Ao universo exato dos laboratórios de física se oporia a longa tradição ocidental dos literatos e filósofos, pouco preocupados com números e experimentos.

Alguns cientistas, entretanto, sempre buscaram a integração desses mundos. Desde os anos 1970, esse papel coube ao astrônomo norte-americano Carl Sagan, um destacado estudioso dos planetas. Além de seus inúmeros livros de divulgação científica, Sagan tornou-se um autêntico *pop star* com *Cosmos*, uma das séries televisivas de maior sucesso internacional.

Até 1985, seu inegável talento literário só havia sido exercido em obras como *Os dragões do Éden*, onde discute a evolução humana, que lhe valeu o ambicionado Prêmio Pulitzer. Nesse ano, lançou sua única obra de ficção, *Contato*. Em *Contato*, Sagan desenvolve seu tema predileto, a possibilidade da existência de formas de vida inteligente extraterrestres. Fundador da Planetary

Society, Sagan esteve presente em importantes projetos, como o pouso das sondas *Viking* no solo marciano em 1976.

Como maior comunicador social do pluralismo, exerceu um papel, com novos instrumentos como a televisão, análogo ao de Flammarion no século XIX. Em ambos, a popularização da astronomia conjuga-se a uma visão quase religiosa da multiplicidade das inteligências cósmicas. Flammarion via a pluralidade dos mundos habitados como uma doutrina cuja verdade impõe-se intuitivamente, pois a existência da vida justificaria o mundo material.

Um dos primeiros cientistas a se interessar por programas de detecção de sinais de rádio artificiais extraterrestres, ainda nos anos 1960, Sagan escreveu com pleno conhecimento de causa. Seu romance é nitidamente autobiográfico, ao narrar a evolução intelectual da astrônoma Eleanor Arroway e sua obcecada busca pelo primeiro indício de uma civilização alienígena.

O envoltório científico de *Contato* não impede Sagan de discutir as possíveis implicações religiosas da SETI. A ficção científica de melhor qualidade, aliás, sempre teve tais preocupações, como em *2001 — uma odisséia no espaço*, de Arthur Clarke.

Morto por um câncer na medula em dezembro de 1996, Sagan mal pôde assistir ao renascimento de uma perspectiva científica moldada pela idéia de um universo habitado por diferentes formas de vida.

GOLEM

Pesquisas recentes apontam que a origem da vida terrestre poderia ser remontada a tempos anteriores ao que se acreditava, chegando a 3,8 bilhões de anos, época tumultuada em nosso sistema planetário, pois ainda não havia se encerrado a fase mais intensa de choques de grandes objetos com a Lua e a Terra. Os achados parecem indicar que a vida tem uma tenacidade e amplitude mais vastas do que se idealizava.

Por outro lado, microorganismos — os extremófilos — têm sido encontrados no interior de rochas a alguns quilômetros de profundidade, evidenciando uma capacidade de adaptação aos mais diversos e exóticos ambientes. Isto, é claro, poderia reforçar a concepção da multiplicidade de sítios bióticos extraterrestres.

Para além das fronteiras da ciência, a origem da vida tem sido explicada segundo princípios espirituais, como o da imanência — segundo o qual o dinamismo interno de um "elã vital" torna indiferenciadas a matéria e a vida — e o da transcendência, para o qual o espírito guia o mundo material, ocasionando uma separação entre ambos. No transcendentalismo, a improbabilidade do surgimento casual da vida é tomada como prova da existência da divindade.

As teses religiosas vêm encontrando abrigo recente no criacionismo, movimento que encontra guarida principalmente nos Estados Unidos. Com sua explicação fundamentalista e anticientífica da origem da vida e do homem, o criacionismo vem ampliando sua área de atuação, chegando mesmo a reorientar os conteúdos a serem ministrados em escolas, sempre com o objetivo de barrar a difusão do evolucionismo.

Uma forma de evitar as conclusões da elevada improbabilidade de casual do surgimento do primeiro DNA consiste em supor um arranjo inicial direcionado, mas então, lembra John Casti, como a Natureza "poderia decidir se um fragmento particular é ou não parte de uma cadeia antes que a cadeia completa estivesse reunida?".

A origem da vida ganhou, nos últimos anos, uma série de novas sugestões que, sem garantir qualquer solução definitiva para a questão, ampliou o conjunto de soluções admissíveis. A panspermia cometária, de Hoyle e Wickramasinghe, supõe a origem interestelar e o transporte dos compostos bióticos para a Terra através de cometas, enquanto a panspermia dirigida moderniza Arrhenius com naves espaciais.

Antes de Frankenstein, a literatura bíblica e talmúdica já havia feito referências a seres incompletos, destituídos de alma. O Golem, figura marcante do folclore judaico, era uma criatura formada a partir de argila e animada pelo Shem, a palavra sagrada. Na moderna biologia, a argila também assumiu um papel animado. Para o químico A.G. Cairns Smith, a evolução orgânica seria impelida, originalmente, por sistemas replicantes minerais, ordenados evolutivamente na seguinte seqüência: argila → proteínas

→ RNA → DNA. A teoria da argila implicaria uma ampliação no espectro das manifestações biológicas, com reflexos favoráveis às avaliações exobiológicas, ao retirar dos oceanos e situar nos minerais o sítio da evolução de primeiro polímero biótico.

A DECLARAÇÃO DE PRINCÍPIOS

Considerando a possibilidade de estabelecimento de contato com extraterrestres, diversas organizações espaciais internacionais endossaram uma Declaração de Princípios Sobre as Atividades Subseqüentes à Detecção de Inteligência Extraterrestre. A Declaração foi aprovada, em 1991, pela Academia Internacional de Astronáutica. Tal documento, ora em vigor, visa estabelecer uma base comum de procedimentos a serem adotados no caso de sucesso de uma SETI. No entanto, a Declaração não se constitui em preceito internacional ratificado pela ONU, sendo apenas objeto da adesão voluntária dos pesquisadores. Sua principal meta é evitar a disseminação pública da notícia de um contato antes que a descoberta tenha sido confirmada por outros pesquisadores.

UMA HERESIA CONTEMPORÂNEA

Mesmo que a exobiologia não tenha se transformado em um sólido conjunto de proposições consensuais entre seus ativistas, configurou-se, com o passar dos anos, um modelo básico de pesquisa. Nele, as superfícies planetárias são sítios plausíveis para o desenvolvimento de formas de vida similares à terrestre, e as viagens espaciais com objetivos exobiológicos terão esses corpos celestes como meta de pesquisa. No entanto, na contracorrente do modelo já navegaram hipóteses bem pouco ortodoxas.

Uma das mais controversas foi concebida por um destacado astrofísico e cosmólogo britânico, Sir Fred Hoyle. Além de ter sido um dos criadores da chamada teoria cosmológica do estado estacionário, Hoyle é um prolífico autor de ficção e divulgação científicas. As idéias de Hoyle e de seu colaborador Chandra Wickramasinghe foram difundidas em periódicos conceituados como *Nature* e *Astrophysics and Space Science*.

Segundo Hoyle e Wickramasinghe, já existe comprovação experimental — espectroscópica — da existência de vida microscópica no meio interplanetário. Caberiam aos cometas o papel de difusores cósmicos dessa exótica vida, engendrada no espaço. Um esboço da hipótese de Hoyle pode ser vislumbrado em um de seus primeiros romances de ficção científica, *A nuvem negra*, onde o astrônomo britânico descreve a invasão do sistema solar por uma nuvem interestelar dotada de inteligência. A evolução de uma consciência no meio interestelar resultaria de processos físico-químicos ocorridos entre as moléculas presentes na nuvem.

Em seus escritos mais recentes, Hoyle e Wickramasinghe passaram a defender uma conexão entre os surtos de enfermidades e as passagens cometárias. Assim, referindo-se ao vírus da AIDS, opinam que "o mais provável é que tanto os humanos quantos os macacos tenham sido infectados simultaneamente por um patógeno viral cometário".

Conan Doyle, criador do mais famoso detetive da literatura policial, havia considerado, em 1913, a possibilidade de interações entre fenômenos cósmicos e patologias terrestres em sua novela *A nuvem envenenada*.

As sugestões da dupla, entretanto, vêm encontrando acentuada resistência nos meios científicos, sendo geralmente vistas com desdém. Além dos problemas inerentes às interpretações dos espectros interestelares, tais formulações, ao se afastarem das premissas usuais da exobiologia, passam a ser vistas como não-científicas. Em sua exposição das teorias de origem da vida, Robert Shapiro intitula o capítulo dedicado a Hoyle e Wickramasinghe de "Vêm aí os cometas: a ciência como religião".

GOLFINHOS

A investigação das características do que se denomina inteligência (ou seja, daquilo que nós entendemos enquanto tal) tem nos estudos dos golfinhos uma de suas possibilidades mais instigantes. Uma maneira de compreendermos uma inteligência não-terrestre poderia vir dos estudos comparados do comportamento humano e animal — a etologia. Se fizermos algumas generalizações dos processos envolvidos em inteligências humanas e inumanas, em nosso próprio planeta, talvez elas possam aplicar-se aos extraterrestres. A análise da linguagem complexa elaborada por cetáceos, como os golfinhos, tem se mostrado uma tarefa tão complexa e sofisticada quanto a da construção de uma "língua cósmica".

A primeira irmandade exobiológica, a Ordem dos Golfinhos, recebeu sua denominação em homenagem aos "nossos" extraterrestres... Carl Sagan, entusiasta da possibilidade de conhecermos outras mentes, relata os experimentos conduzidos por John Lilly, chefe do Instituto de Pesquisas de Comunicações nas Ilhas Virgens: "Seu esforço para comunicação com os golfinhos ... é de certa forma comparável à nossa tarefa de comunicação com uma espécie inteligente de outro planeta."

VIDA EM EUROPA?

Em 1996, a NASA divulgou imagens obtidas pela sonda interplanetária *Galileo*, em suas passagens próximas ao satélite jupiteriano Europa. Uma das quatro luas descobertas por Galileu Galilei nas históricas observações de 1610, Europa poderia abrigar, sob sua crosta congelada, água no estado líquido. Os oceanos de Europa, com profundidades de até 50km, teriam surgido em decorrência do calor gerado pelos efeitos de maré de Júpiter, pois a essa tremenda distância a energia solar é insuficiente para liquefazer o gelo. Medições posteriores do campo magnético, realizadas pela espaçonave da NASA, reforçaram a hipótese de um oceano. Com dimensões semelhantes à nossa Lua, Europa poderia conter áreas suficientemente quentes para o desenvolvimento de formas primitivas de vida, sendo, atualmente, um dos mais promissores sítios de pesquisa exobiológica.

OCEANOS DE METANO

Descoberto em 1655 pelo astrônomo e físico holandês Christiaan Huygens, Titã é não apenas o maior satélite do gigante Saturno, mas também o maior satélite do sistema solar, superando em tamanho planetas como Mercúrio e Plutão. Titã é cercado por uma atmosfera espessa e opaca, identificada em 1944, cuja composição se assemelha à da primitiva cobertura gasosa da Terra, quando do surgimento da vida em nosso planeta. Especula-se que Titã poderia estar recoberto por um oceano de metano ou etano, e, embora pareça pouco provável a existência, atual, de vida no satélite, seu estudo detalhado pela sonda *Huygens*, em 2004, será valioso para a melhor compreensão dos processos envolvidos na formação de moléculas orgânicas complexas. Curiosamente, foi numa das luas de Saturno, Japetus, que Arthur Clarke posicionou a sentinela de uma poderosa civilização extraterrestre, o "Portal das Estrelas", em *2001 — uma odisséia no espaço.*

NOVOS TERRITÓRIOS: A DESCOBERTA DE PLANETAS EXTRA-SOLARES

Em outubro de 1995, anunciou-se, durante uma conferência astronômica na Itália, a descoberta de um planeta orbitando uma estrela do tipo solar. Nos últimos anos, relatos de planetas orbitando pulsares ganharam a atenção pública, embora alguns achados tenham sido posteriormente desmentidos, até mesmo pelos próprios descobridores. Embora sem interesse direto, dada a impossibilidade de serem habitados pelas formas de vida conhecidas, a confirmação da existência desses excêntricos sistemas planetários significaria, como assinala o astrônomo Donald McCarthy que, "se os pulsares têm planetas, então qualquer outra coisa poderia tê-los".

Em 1996, novas pesquisas dilataram o rol de planetas extrasolares. Deve-se assinalar que ainda não há um critério consensual sobre a delimitação entre as estrelas e os objetos subestelares, qual seja, se estes seriam planetas, superplanetas ou anãs marrons. Sugere-se um limite de 13 massas jupiterianas para os corpos planetários. Outra medida a ser levada em consideração é dada pelo limite mínimo de massa necessária a uma reação nuclear sustentada, o que daria origem a uma estrela, equivalente a 80 massas jupiterianas.

A maior parte de tais corpos é constituída de EGPs (Extrasolar Giant Planet ou Planeta Gigante Extra-solar), com massas superiores à jupiteriana, que se situam em áreas exteriores à chamada zona de habitabilidade. Alguns destes, como o objeto que circunda a estrela 70 Vir, devido à sua massa elevada e posição próxima à estrela, trazem novos problemas aos estudos de simulação e predição de órbitas planetárias, além daqueles já suscitados pelos planetas dos pulsares.

Atualmente, mais de cinco dezenas de planetas extra-solares foram detectados, e as pesquisas continuam em ritmo acelerado. Dentre os 200 bilhões de estrelas de nossa Galáxia, os caçadores de planetas já encontraram sistemas triplos, como ao redor da estrela Upsilon Andromedae, e começam a voltar-se para seu objetivo mais ambicionado: a detecção de corpos semelhantes à Terra.

A coleta extensiva de dados de estrelas próximas combinada ao desenvolvimento de novas técnicas associadas à astrometria e espectroscopia permitiu a ampliação da capacidade de detecção planetária extra-solar.

Se confirmadas essas descobertas, seu impacto para as estimativas da Equação de Drake seria significativo, pois permitiria a obtenção de dados comparativos para a avaliação dos fatores "Fp" e "Ne", tornando menos subjetiva a avaliação da freqüência de vida no universo.

A astronáutica introduziu, na década de 1980, novos meios de busca de planetas extra-solares. A construção de novos telescópios, operando na região infravermelha do espectro eletromagnético, abriu novos horizontes, permitindo a detecção de objetos e fenômenos de interesse exobiológico. O lançamento do IRAS (InfraRed Astronomical Satellite ou Satélite Astronômico do Infravermelho), em 1983, foi o marco principal da telescopia infravermelha espacial, tendo sido o primeiro satélite inteiramente dedicado a tal tarefa. Resultado de um projeto internacional, localizou milhares de fontes galáticas nessa faixa espectral, entre as quais estrelas jovens em formação. Posteriormente, o Telescópio Espacial Hubble e o ISO (Infrared Space Observatory ou Observatório Espacial do Infravermelho) prosseguiram na tarefa de trazer aos astrônomos dezenas de imagens de discos de matéria ao redor de estrelas.

Com tais equipamentos realizou-se a descoberta de um anel de partículas sólidas circundando a estrela Vega. Curiosamente, em *Contato*, Carl Sagan localizou nessa estrela a fonte do primeiro sinal de rádio artificial de origem extraterrestre. Este cinturão é composto de partículas (maiores que 1mm) distribuídas numa distância ao redor de 85ua (unidade astronômica de distância, equivalente a 150 milhões de quilômetros) de Vega, provavelmente representando a gênese de um sistema planetário.

Utilizando novos dispositivos observacionais terrestres, B. Smith e R. Terrile, no Observatório de Cerro Tololo, localizado nos altiplanos chilenos, detectaram a presença de anel semelhante na estrela Beta Pictoris. Essa formação apresenta um diâmetro superior a 20 vezes o tamanho do sistema solar. Como essa estrela é jovem, Terrile sugere: "Olhando para Beta Pic podemos estar olhando para o nosso próprio sistema solar em um estágio inicial de seu desenvolvimento."

A renovação do campo observacional de interesse exobiológico tem, com tais descobertas, reforçado a argumentação pluralista, embora apenas indiretamente, pois nenhum planeta específico do tipo terrestre foi ainda detectado. Thomas McDonough afirma que "esses achados aumentam nossas suspeitas de que a formação planetária é um processo normal da formação estelar".

A descoberta de "companheiros" estelares, através de novas técnicas, tem recebido interpretações variadas, tanto no sentido de que tais objetos seriam planetas "jupiterianos" quanto "anãs marrons", i.e., estrelas "falidas", que não desencadearam os processos comuns de geração nuclear de energia.

PROJETOS FUTUROS

Pela primeira vez em sua história, a agência espacial francesa (CNES — Centre National d'Etudes Spatiales ou Centro Nacional de Estudos Espaciais) aprovou uma missão espacial de nítido significado exobiológico. Trata-se do lançamento de *COROT*, no início deste terceiro milênio, uma espaçonave equipada com sensores capazes de perceber pequenas variações nas curvas luminosas de estrelas. As metas são os estudos de sismologia estelar (estrelas também têm seus tremores...) e a busca de planetas extra-solares. No último caso, o método consiste na detecção fotométrica de planetas quando do trânsito à frente de sua estrela, conceito, aliás, proposto inicialmente por Otto Struve, ainda na década de 1950. A principal perspectiva da missão é a possibilidade de descoberta de planetas do tipo terrestre, e não jupiterianos, como é o caso dos achados atuais de planetas extra-solares.

A continuidade das observações do *Big Ear* deverá ser operacionalizada com a constituição do sistema Argus. Um conjunto de milhares de antenas de 30cm de diâmetro, dispostas em espiral, poderia receber sinais de múltiplas direções simultaneamente, o que permitiria superar as limitações presentes em muitos radiotelescópios, que tem seu direcionamento restrito.

Em abril de 2000, como parte das comemorações dos 40 anos da primeira SETI, a Universidade da Califórnia-Berkeley e o SETI Institute revelaram o protótipo do que poderá vir a ser o mais poderoso e sofisticado sistema de radiotelescopia para a investigação de inteligências extraterrestres. O Telescópio de Um Hectare — 1hT — deverá ser formado por centenas de antenas de satélites de uso doméstico, reunidas numa área equivalente a um hectare e operando conjuntamente. Projetado para estar completamente operacional em 2005, o 1hT será construído nas instalações do Observatório de Hat Creek, pertencente à Universidade da Califórnia-Berkeley.

Um dos empecilhos mais cruciais à continuidade da SETI é o aumento da interferência nas radiofreqüências. Uma alternativa que permitiria contornar o problema seria o estabelecimento de radiotelescópios espaciais, bem como a utilização de crateras lunares como base de observatórios, à maneira do que foi realizado para a construção de Arecibo (ver FIGURA 15). Objetos de estudos preliminares, essas possibilidades ainda não se concretizaram em projetos específicos.

A ESA (European Space Agency ou Agência Espacial Européia), dentro de seu programa Horizon 2000 Plus, estuda a construção de um sistema de telescopia infravermelha espacial, através da utilização, segundo os princípios da interferometria, de

15. Representação de um hipotético sistema SETI em outra superfície planetária.

seis telescópios posicionados a 50m uns dos outros. O Interferômetro Espacial Infravermelho Darwin poderia registrar a presença de um planeta do tipo terrestre situado a até 20pc (parsec, unidade astronômica de distância equivalente a 3,26al) de distância do Sol.

Com um projeto semelhante ao europeu, a NASA planeja a colocação em órbita, em 2005, do Terrestrial Planet Finder, um telescópio espacial interferométrico, como parte do Programa Origens.

Nos próximos 10 anos, uma esquadra de espaçonaves deve dar continuidade à exploração do sistema solar. Com prováveis resultados de interesse exobiológico, podemos apontar:

- *Cassini/Huygens* — missão conjunta NASA/ESA, visa colocar uma sonda — *Cassini* — em órbita ao redor de Saturno e lançar um dispositivo — *Huygens* — para mergulhar na atmosfera do satélite Titã e, talvez, pousar em sua superfície. Enviados ao espaço em outubro de 1997, sua chegada no sistema saturniano está prevista para 2004.
- Como parte do programa de exploração de Marte, a NASA concebeu um conjunto de novas missões:

2001 Mars Odyssey Orbiter — orbitador com lançamento previsto para 2001, estudará a composição do solo marciano e a incidência de radiação potencialmente perigosa para os futuros exploradores humanos.

Mars Exploration Rovers — a serem lançados em 2003, os jipes "gêmeos" deverão percorrer o planeta (ver FIGURA 16).

16. Uma cena para o futuro próximo:
Marte, explorado por *minirovers*.

Mars Reconnaissance Orbiter — orbitador a ser enviado em 2005, será capaz de obter imagens de objetos na superfície marciana com tamanho de até 30cm.

Laboratório científico móvel — planejado para 2007, será utilizado para o reconhecimento de áreas de interesse científico de difícil acesso.

Missões *Scout* — em 2007, pequenos módulos de pouso ou veículos aéreos poderão complementar a pesquisa em Marte.

Missão de retorno de amostra — com início previsto para 2014, a NASA planeja trazer à Terra amostras de solo marciano, para uma pesquisa mais detalhada.

• *Stardust* — lançada em fevereiro de 1999, *Stardust* pertence à classe Discovery de missões da NASA, concebidas para execução rápida e a custos baixos (até 150 milhões de dólares). A sonda deverá encontrar o cometa Wild 2 em 2004 e, pela primeira vez, recolher diretamente partículas cometárias e interestelares, utilizando-se de um material especial denominado aerogel. Uma cápsula retornará as amostras automaticamente para a Terra, em 2006.

• *Mars Express Orbiter/Beagle 2* — missão da ESA a ser iniciada em 2003, tem o objetivo de mapear a superfície de Marte (*Mars Express Orbiter*) e colocar em sua superfície uma estação de pesquisa mineralógica e exobiológica (*Beagle 2*). A denominação do módulo de pouso é uma homenagem ao navio, o *HMS* Beagle, que conduziu Charles Darwin em sua histórica viagem ao redor do mundo.

As missões robóticas deverão ser seguidas pelo primeiro vôo tripulado a Marte, num projeto de cooperação internacional que já começou a ser esboçado pela NASA. Em 1996 foi lançado com sucesso a *Mars Global Surveyor*, sonda que vem orbitando Marte e aprofundando o seu mapeamento, bem como a *Mars Pathfinder*, que iniciou, em 4 de julho de 1997, a transmissão direta de imagens da superfície do Planeta Vermelho, após 21 anos de interregno exploratório. A nova programação da NASA para a pesquisa do Planeta Vermelho, anunciada em outubro de 2000, prevê, entre outras realizações, a constituição de uma internet marciana, para prover serviços de comunicação para as primeiras estações habitadas no planeta.

O caminho para Marte, no entanto, vem sendo regularmente marcado por percalços, como a perda, em 1999, das naves *Mars Climate Orbiter* e *Mars Polar Lander*, que, devido a falhas de software, provavelmente chocaram-se com a superfície do planeta.

TERRA RARA

O singularismo voltou recentemente à carga com o lançamento, em 2000, do livro *Rare Earth: Why Complex Life is Uncommon in the Universe*, do geólogo Peter Ward e do astrônomo Donald Brownlee, ambos da Universidade de Washington. Depois do meteorito de Marte, a atenção pública voltou-se novamente para os extraterrestres, agora sob o enfoque inverso: somos únicos na Galáxia. Ward e Brownlee argumentam que existe, provavelmente, vida fora de nosso planeta. O único problema, para os *trekkies*, fanáticos da ficção científica e ufólogos, é que o mais interessante exemplar de extraterrestre seria... uma bactéria. As formas de vida complexa surgidas na Terra decorrem de uma conjunção casual de muitos fatores, entre os quais sua evolução em um planeta com os elementos químicos apropriados e a distância segura da Terra de uma estrela estável — o Sol — localizada numa posição tranqüila na Galáxia. Outros planetas não reuniriam todas as condições favoráveis ao surgimento da vida animal, embora possam estar recobertos de microorganismos, como os extremófilos recentemente descobertos.

Entrevistas em programas televisivos e resenhas em jornais e revistas rapidamente lançaram Ward e Brownlee em debates com os pluralistas, agora sem a sua maior estrela, Carl Sagan. Como acontece regularmente desde os anos 60, o insucesso pluralista reacende o ceticismo de uma parcela da comunidade científica. A polêmica continua.

14. SETI E FILOSOFIA

> Pelo espaço, o universo me compreende e me engole como a um ponto; pelo pensamento, eu o compreendo.
>
> Pascal

A CIÊNCIA É UNIVERSAL?

Se a situação de contato não é tão corriqueira como o cinema mostra, o entendimento da ciência alienígena também pode vir a ser uma tarefa delicada. Segundo Nicholas Rescher, do Departamento de Filosofia da Universidade de Pittsburgh, as ciências terrestre e extraterrestre poderiam apresentar diferenças profundas, em termos de: formulações (múltiplas elaborações matemáticas, como, por exemplo, geometrias e aritméticas distintas); orientação (desenvolvimento de determinadas disciplinas em função de suas características biológicas, i.e., suas formas de exploração da natureza); e construção conceitual (inexistência de uma linguagem universal).

A variedade dos conceitos significa que imaginar como seria uma ciência extraterrestre equivale a especular sobre as teorias futuras de nossa própria ciência. Organismos distintos apresentam interesses distintos e, conseqüentemente, tecnologias e ciências distintas. Em resumo, "as coisas são as mesmas, mas o seu significado é totalmente diferente".

A resposta ao "Paradoxo de Fermi" é a de que a ausência de comunicação física decorre da ausência de comunicação *intelectual*. O singularismo de Rescher diferencia-se de outras posições que afirmam a excepcionalidade humana na Galáxia, pois sua conclusão aponta para a improbabilidade de comunicação inteligível com um ET. O cientista soviético V. Leschev sugeriu, em 1990, uma solução semelhante ao que ele denominou de "Paradoxo Astrossociológico".

Na situação de receptores de uma mensagem extraterrestre, inicialmente, encontramos apenas um sistema simbólico isolado (admitindo-se que saibamos que tais sinais constituem um sistema simbólico!). Isto acarreta alguns obstáculos imediatos. O primeiro é que nenhum sistema simbólico isolado é auto-explicativo, o que limita severamente a intenção comunicativa das linguagens como LINCOS. Além disso, o receptor reconstruirá apenas seu próprio sistema de conhecimentos nesses símbolos. A última dificuldade relaciona-se ao fato de que o conhecimento da estrutura do código não fornece indicações a respeito de seu significado — o que se está pretendendo dizer. O cientista russo Panovkin conclui que a CETI estará, afinal, restrita às civilizações "humanas": "o que se necessita é de uma identidade estreita do fundo histórico das duas sociedades ... Creio que isso impõe uma limitação muito estreita sobre o número de civilizações com que possamos nos comunicar".

A comunicação efetiva depende da natureza dos ETs, o que, em última instância, poderia vir a diminuir sensivelmente as estimativas sobre as probabilidades de uma CETI dotada de sentido.

O historiador norte-americano William McNeill, da Universidade de Chicago, considera que, por razões psicológicas e fisiológicas, é altamente improvável a compreensão da linguagem de uma comunidade inteligente extraterrestre. Assim, "resulta difícil crer que uma informação científica útil, uma informação histórica, uma experiência literária possam transpor essa barreira cultural".

McNeill coloca-se numa posição contrastante à perspectiva sugerida pelos cientistas naturais. Não se detendo na avaliação quantitativa dos fatores da Equação de Drake, McNeill enfatiza os quesitos históricos: a existência de barreiras culturais (além daquelas conseqüentes de diferenças na constituição biológica) com os ETs dificultaria ou impossibilitaria o estabelecimento de um patamar mínimo de inteligibilidade e comunicação. McNeill classifica como chauvinismo a popular tese exobiológica da universalidade da matemática, difundida particularmente entre astrônomos e físicos. Sensível, por formação, à variabilidade histórica e cultural dos conceitos, seria na figura de um humanista, como McNeill, que poderíamos esperar a percepção do problema.

Na Conferência de Byurakan, em 1971, McNeill debateu o tema com seus colegas cientistas. A posição de Crick retoma a defesa da universalidade das matemáticas, pois "constituem uma linguagem natural que podemos considerar comum a ambas as partes". Morrison sugeria que as matemáticas finitas dos inteiros "... são provavelmente as estruturas mais universais". Para McNeill, trata-se de "um caso de chauvinismo, para usar nosso termo favorito. Não posso demonstrar, mas não creio que vocês tenham bases para supor automaticamente que nossas matemáticas sejam comensuráveis com suas matemáticas [extraterrestres]".

A existência de um abismo cognitivo entre civilizações de diferentes planetas poderia decorrer do fato de que os critérios do que seja uma seqüência ordenada de sinais eletromagnéticos podem ser extremamente variáveis. Isso implicaria em uma recepção de sinais cuja natureza artificial não seria compreendida.

O SALVACIONISMO

Michel Michaud, cientista político norte-americano, associa ao contato a consolidação de uma nova sociedade, com a unificação internacional e a superação das divergências locais:

> Enquanto procuramos por inteligências extraterrestres, devemos nos preparar intelectual e culturalmente para o contato ... O contato irá requerer que pensemos como uma espécie; responder implicará mudanças políticas e sociais que permitirão que falemos como um só, talvez através de uma nova instituição global.

Em Sagan, essa suposição política, salvacionista, é bastante freqüente, conferindo um papel socialmente desejável ao contato e à exploração espacial.

POLÍTICA E APOIO PÚBLICO

Na década de 1980, a SETI ingressou no cenário político norte-americano. Em 1981, por instância do senador norte-americano W. Proximire, a verba da NASA destinada a SETI foi cortada da dotação orçamentária. O artigo de Tipler teria sido utilizado na justificação do corte de recursos, de aproximadamente dois milhões de dólares.

A reação pró-SETI seria comandada através de uma organização privada, criada em 1980, por Bruce Murray e Carl Sagan, cujos objetivos centrais relacionam-se à exploração planetária e a SETI. A Planetary Society é, atualmente, o maior grupo privado internacional voltado para atividades espaciais, contando com mais de 120.000 membros.

Thomas McDonough sustenta que, "para alguns, a mera esperança que resultaria se descobríssemos que outras civilizações sobreviveram ao tipo de perigo global com que nos defrontamos atualmente é razão suficiente para dar suporte à SETI".

Esta argumentação revela a imensa carga ideológica da matéria. Pois seria por uma razão sociopolítica imaginária, diretamente conectada ao clima internacional do momento, que a pesquisa seria justificada. Novamente nos deparamos com juízos extracientíficos no apoio à exobiologia. As promessas de benesses, aliás, sempre constituíram uma pedra de toque do pluralismo.

William Bainbridge, do Departamento de Sociologia da Universidade Harvard, realizou, em 1981, uma das primeiras investigações sociológicas sobre as atitudes em relação a SETI, feita com um grupo de 1.465 universitários norte-americanos. Os resultados de sua pesquisa indicam que o apoio a SETI associa-se às disciplinas de astronomia e antropologia, assim como a opiniões não-militaristas e ao suporte ao programa espacial. Enquanto as disciplinas ligadas às ciências da natureza se mostrariam favoráveis a SETI, as ciências humanas apresentariam tendência à neutralidade. Ao mesmo tempo, o protestantismo, principalmente, expressou a mais forte oposição religiosa ao tema. Em resumo, "todos os nossos resultados indicam que o entusiasmo pela pesquisa de vida extraterrestre é uma idéia poderosa e independente capaz de atingir um forte consenso positivo entre jovens letrados americanos". Diversas pesquisas de opinião pública, nos EUA, demonstraram uma persistente e majoritária crença em alienígenas inteligentes.

PLURALISMO E HISTÓRIA

A elaboração de estudos históricos sobre a idéia e as pesquisas científicas de vida e inteligência extraterrestres encontra-se num estágio ainda bastante precário. As análises históricas recentes, em sua maioria, fundamentam-se na posição assumida pelos autores em relação à legitimidade da matéria. A militância pró-SETI ou anti-SETI torna-se um fator determinante no caráter da abordagem. O intrincado amálgama de crenças pessoais, esperanças salvacionistas e argumentos científicos, característico da celeuma exobiológica, reflete-se, como seria de esperar, na historiografia.

A produção histórica tem se caracterizado pela presença preponderante dos próprios atores da exobiologia. Físicos e astrônomos, em obras especificamente voltadas para tal objetivo ou, então, como introdução a livros de divulgação científica, compõem, majoritariamente, o elenco de historiadores.

A condenação do pluralismo como uma "religião ou religião alternativa" foi lançada por Michael J. Crowe, da Universidade de Notre Dame, em seu monumental estudo histórico do tema da pluralidade dos mundos habitados. Da mesma maneira, Karl S. Guthke, professor de arte e cultura alemãs na Universidade Harvard, conclui que o pluralismo, outrora julgado uma heresia, tornou-se "o mito dos tempos modernos".

Para Crowe, o pluralismo consiste numa idéia popular — desde os antigos gregos — por uma série de características, entre as quais destaca a não falseabilidade e a capacidade de adaptação a diferentes contextos científicos, religiosos, literários e filosóficos. Tal substrato filosófico, para esse historiador, tornaria o pluralismo, ao modo de Karl Popper, uma tese não-científica, dado que suas proposições não poderiam ser falsificadas: "A posição pluralista comum é claramente não falsificável. Se a Lua for destituída de vida, resta Marte... se este falhar, o passado e o futuro oferecem outras oportunidades. Mesmo teorias pluralistas específicas, como a da vida lunar, têm mostrado notável resistência à falsificação."

Apesar disso, Crowe atribui ao pluralismo o papel de impulsionador das pesquisas astronômicas, além de ter influenciado a admissão de cosmogonias planetárias que favorecessem a existência de inúmeros sistemas planetários extra-solares. Nessas pesquisas, tal viés é particularmente notável, pois eram buscados corpos celestes que pudessem servir como sítios biológicos.

Com deduções opostas às de Crowe e Guthke, Steven J. Dick, astrônomo e historiador da ciência do Observatório Naval dos Estados Unidos, defende a legitimidade acadêmica do tema, pois "nossa ciência ... é caracterizada por uma similar [ao pluralismo] influência recíproca entre teoria, metafísica, observação e imaginação, tão óbvia na tradição da pluralidade dos mundos. Apesar de todas essas dificuldades, a pesquisa de vida extraterrestre não foi, e não é, qualitativamente diferente de outros empreendimentos científicos". Para ele "o debate da vida extraterrestre é um estudo de caso da ciência procurando funcionar em seus limites".

A controversa posição da questão da pluralidade dos mundos habitados, no conjunto da atividade científica, não deve minimizar sua persistência e importância históricas. Envolvendo seus mais destacados praticantes, a busca da resposta à indagação "Estamos sós?" sempre esteve associada às principais escolas do pensamento científico moderno.

EXOBIOLOGIA — CIÊNCIA OU ESPECULAÇÃO?

Mas, afinal, a exobiologia é uma ciência? O desenrolar das argumentações, em mais de quatro décadas, permite encaixá-la nas seguintes categorias: a) disciplina científica, com plenos direitos; b) disciplina científica pré-paradigmática; c) estudo não-científico. A tripartição envolve uma relação direta com as diferentes tendências do pensamento exobiológico.

Os defensores de sua relevância consideram que os estudos adquiriram cientificidade na década de 1960. Os resultados experimentais, observacionais e teóricos, reunidos por múltiplas disciplinas acadêmicas tradicionais, justificariam a cidadania científica da exobiologia.

A tese pré-paradigmática decorre de uma análise que poderia ser denominada de ceticismo moderado. Seus adeptos julgam que a exobiologia ainda não reuniu as condições necessárias e suficientes para que pudesse ser alinhada a pesquisas consolidadas como, por exemplo, a mecânica quântica e a bioquímica. Utilizando a nomenclatura difundida pelo historiador da ciência Thomas Kuhn, denominam a exobiologia de "pré-paradigmática", existindo no limbo da cientificidade madura (ou da ciência normal). Shapiro, por exemplo, aponta a inexistência de um consenso sobre temas, metodologias, teorias e a não formação, conseqüentemente, de uma comunidade científica ao redor de um paradigma comum de trabalho. Entretanto, e retomando parte da argumentação da perspectiva "a", sua legitimidade como ciência é garantida pelas possibilidades teóricas e empíricas propiciadas por outras disciplinas.

Surgida em meados da década de 1960, a crítica mais radical relega a exobiologia ao campo das doutrinas de natureza filosófica e religiosa. Destituída de objeto, é concebida como uma entidade estranha aos procedimentos científicos.

A existência dessa polêmica metodológica conduz a outras paragens, como a própria concepção do que seja a ciência. A adoção de critérios empiricistas levou à negação de sua qualificação como ciência por Simpson, em 1964. A inexistência de objeto de estudo implica a ausência de embasamento empírico e, portanto, solapa uma das bases do pensamento científico. A crítica de Simpson situa o tema nos devaneios da subjetividade humana, obedecendo a critérios e interesses pessoais.

Ao contrário, "a" e "b" presumem uma cientificidade balizada de modo menos rígido, admitindo uma região, imprecisa, de trânsito entre as hipóteses justificáveis racional e empiricamente. A exobiologia encontraria a cientificidade em seu processo de elaboração e refinamento, interagindo com múltiplas áreas e, reciprocamente, produzindo seus questionamentos e resultados.

15. O GRANDE SILÊNCIO

> A profundidade do verdadeiro filósofo logo perceberá que as possibilidades do universo são incalculáveis, e que o sábio deve manter-se preparado para aceitar os acontecimentos mais imprevisíveis.
>
> Conan Doyle

O interesse científico pelo exame das possibilidades de vida e inteligência extraterrestres intensificou-se no século XX. Envolvendo pesquisadores influentes como Hoyle, Urey e Struve, os debates e as hipóteses surgidos demonstram a importância crescente que o problema da vida extraterrestre adquiriu no meio científico. A difusão de um posicionamento pluralista entre muitos astrônomos, diretamente ligados ao assunto, torna-se evidente a partir da segunda metade do século, e, com ela, a idéia de que "não somos singulares" começa a tornar-se uma asserção trivial. Destituída de sua matéria central, pois nenhum ET ou forma de vida extraterrestre haviam sido detectados, a concepção pluralista ganhou terreno firmada em extrapolações de teorias e experimentos de áreas científicas vinculadas ao tema. O otimismo exobiológico transformou-se num lugar-comum, tanto no meio científico quanto na cultura popular.

Atualmente, as pesquisas nesse campo estão intimamente relacionadas aos desenvolvimentos tecnológicos em áreas como a microeletrônica e a robótica. A crescente sofisticação dos equipamentos embarcados em missões espaciais interplanetárias vem desvelando, cada vez mais, novos horizontes na pesquisa *in loco* dos planetas. Da mesma forma, o aperfeiçoamento das técnicas astronômicas revelou a possibilidade de avançar na procura de planetas extra-solares e, inclusive, daqueles similares à Terra. O anúncio da descoberta de evidências de uma antiga biota marciana poderia significar o tão almejado desejo de muitos cientistas em tornar a exobiologia um campo perfeitamente legitimado de pesquisas.

A marcante aceitação popular das hipóteses ufológicas, bem como a crescente difusão da literatura de ficção científica e de seus reflexos cinematográficos, sinalizam para a persistência da temática alienígena na cultura do século XX. Certamente os cientistas não estão alheios nem imunes a ela. Para Karl Guthke, o tema da pluralidade dos mundos angaria toda a sua vitalidade pelo modo como "sua própria identidade [da natureza humana] é definida por essa confrontação — imaginária mas filosoficamente plausível — com formas de vida extraterrestres de inteligência comparável ou maior". A pluralidade dos mundos habitados representaria não apenas um mito — entendido como uma visão integradora do mundo — mas *o* mito da era moderna. Como na última das *Crônicas marcianas* — "O piquenique de um milhão de anos" — a busca do extraterrestre revelaria uma face humana. Não seria casual, portanto, o fato de os alienígenas serem constantemente representados antropomorficamente, sobretudo nos relatos ufológicos.

A história da abordagem astronômica e biológica ao problema proposto pelo pluralismo lança algumas luzes sobre a própria natureza do empreendimento científico. Como mostram os desenvolvimentos recentes, a inexistência de qualquer comprovação empírica de seu objeto central de estudo não impediu que a ciência fosse colocada a serviço da busca do *Outro* cósmico. Situando-se nos limites das disciplinas tradicionais, e tomando delas suas técnicas, metodologias e concepções, a exobiologia expõe a falácia de qualquer compreensão estritamente positiva da ciência, pois esta sempre se desenvolveu a partir de um conjunto complexo e variável de fatores, do qual o laboratório é apenas um dos elementos. Isto se torna claro ao verificarmos, não apenas na atualidade, a defesa de pluralismo por cientistas destacados em suas respectivas áreas de trabalho, bem como a criação e a manutenção de programas específicos de investigação. Parte integrante da história da ciência, a pesquisa de vida e inteligência extraterrestres constitui um de seus momentos mais polêmicos e, ao mesmo tempo, mais reveladores.

Os debates exobiológicos têm sido produzidos sem o confronto direto com novas experiências e observações decisivas. A interface natureza/conceito encontra-se paralisada em sua dimensão positiva, pois vivemos ainda no "Grande Silêncio". A resposta assim derivada é puramente negativa. Dela tanto pode ser extraída a conclusão da inexistência do fenômeno quanto a suspensão do julgamento. Esta última conclusão poderia ser alegada indefinidamente pelo setor pró-ET, mantendo a pressão no sentido da continuidade das pesquisas. Afinal, pode-se sempre arguir a possível existência de alternativas de observação e/ou método de tratamento dos dados. A curto prazo, entretanto, a ala anti-ET apresenta o fato, universalmente admitido, da improdutividade de quatro décadas de SETI. O otimismo do período inicial derivava de fatores como o curto período de observações realizado, o que explicava a inexistência de sinais de ETs. Nessa fase, a defesa da singularidade humana no universo era recebida com uma tempestade de críticas.

No século XX, a origem da vida tornou-se um tema cientificamente explorável. A astronomia, através da pesquisa de sistemas planetários extra-solares e da radioastronomia, combinada à astronáutica, proporcionou as conexões necessárias para que o assunto tomasse um cunho de universalidade, passando da origem da vida terrestre para a origem e natureza da vida em geral. Tornando palpável a inserção cósmica do homem, as ciências do espaço viabilizaram a ampliação do problema biológico, propiciando os fundamentos dos estudos exobiológicos. Embora não conclusivas, as pesquisas em múltiplos campos favoreceram a emergência da temática exobiológica. Esta situação demonstra um caso-limite de funcionamento da ciência, pois, suposto pelos pluralistas como altamente provável, o objeto de estudo nunca se mostrou.

Entre as décadas de 1920 e 1950 as teorias de cosmogonia planetária sofreram transformações expressivas. Das críticas ao modelo kantiano-laplaciano emergiram hipóteses dualistas, com implicações imediatas nas estimativas sobre a difusão de sistemas planetários em nossa Galáxia. A combinação das críticas à teoria lowelliana da civilização marciana com o pessimismo sobre a existência de sistemas planetários extra-solares, decorrente das cosmogonias catastrofistas, conduziu muitos cientistas a uma posição singularista. O retorno aos princípios do monismo nebular, a partir da década de 1940, revigorou as convicções científicas sobre a multiplicidade de planetas, e, portanto, de potenciais abrigos à vida. Na mesma direção apontavam as afirmações de astrônomos sobre a detecção de planetas extra-solares, o que parecia corroborar observacionalmente o conceito de uma abundância desses sistemas em nossa Galáxia.

Resultante do cruzamento de múltiplos campos científicos, a exobiologia expressa, ao mesmo tempo, uma tradicional polêmica no pensamento ocidental.

A SETI está demarcada, na atualidade, pela radiodetecção de sinais interestelares de origem inteligente. A pesquisa orienta-se em direção a hipotéticas civilizações tecnológicas análogas a nossa, particularizando o objeto de estudo num conjunto de possibilidades, em princípio, extremamente amplo.

Emerge, assim, uma análise que postula o paralelismo histórico entre civilizações tecnológicas na Galáxia e a civilização industrial contemporânea. Será justamente em torno dos problemas associados a essa caracterização que irão girar muitos debates.

A singularidade ou multiplicidade da vida e inteligência no universo constituiu uma balança que oscila ao sabor das descobertas e especulações dos cientistas. A inexistência de um paradigma gera e acirra os conflitos entre hipóteses divergentes, opostas e contraditórias, basicamente resultantes da inexistência do objeto de estudo e das diversas premissas, de naturezas variadas, implícitas nas análises.

A persistência, durante as quatro últimas décadas, do princípio copernicano como um guia da escola pluralista forneceu seu substrato filosófico, orientando as estimativas na Equação de Drake. Fundamentando o otimismo quanto às possibilidades de existência dos ETs, orientou o quadro teórico do pluralismo e sua via experimental radiotelescópica.

A partir de meados da década de 1970, começa a se estruturar e ganhar força a escola singularista, colocando em xeque as tradicionais explicações pluralistas para a inexistência da comprovação empírica dos ETs. Ampliando o leque conceitual dos debates, a exobiologia viu-se envolvida numa cisão, pouco significativa na década de 1960. A admissão da possibilidade da viagem interestelar e a conseqüente elaboração de modelos de colonização galática são aspectos fundamentais neste momento histórico. A impossibilidade, ou extrema dificuldade, de verificar as suposições apresentadas certamente contribuiu para tornar mais polêmico o problema.

Disciplina científica em formação, a exobiologia assenta-se na adoção de critérios já estabelecidos em outras disciplinas e na condução de projetos de pesquisa alicerçados nos conhecimentos atuais, utilizando instrumental (experimental e observacional) consagrado nessas outras áreas. Os falsos alarmes decorrem exatamente do estágio "tateante" da metodologia SETI, pois ainda não se estabeleceu um conjunto claro de critérios de artificialidade dos sinais. A pequena dimensão da fonte, por exemplo, foi sugerida por Kardashev, acabando por revelar-se frustante no contexto do estudo dos quasares. Também a simples menção de sinais pulsados deixou de ser um critério, a partir da descoberta dos pulsares.

As formulações dos exobiólogos fundam-se num problema: como caracterizar os ETs, se não temos qualquer exemplo deles? Como justificar suas elaborações, se uma generalização indutiva está vedada pela própria ausência de dados? De outra forma, de que princípios partir para caracterizá-los dedutivamente? De onde adviriam? É aqui que se situa um dos pontos centrais da problemática exobiológica, pois os modelos que pretendem a generalidade alicerçam-se, ao fim, numa caracterização de certas sociedades (humanas, industrializadas, contemporâneas). Ao tomá-las como referencial primário na criação de um modelo da inteligência ao nível cósmico, a exobiologia encerra seu projeto com um retorno ao lar. Se o maior grau de incerteza parece recair nos últimos fatores da Equação de Drake, então compreende-se a importância das argumentações utilizadas na defesa desta ou daquela proposição. Certamente que a ausência de uma "ciência do homem", que apresentasse teorias mais ou menos consolidadas e consensuais, contribuiu para conduzir os exobiólogos à situação apontada. A formulação de concepções e conceitos, geralmente vagos, a respeito dos fatores "fc" e "L" é uma característica dos debates, principalmente em seu início.

Apesar da contestação ao pluralismo, a pesquisa exobiológica vem ganhando algum impulso, embora irregularmente. Sua institucionalização deu alguns passos, vislumbrados, por exemplo, nos encontros especialmente promovidos pela IAU, assim como pelo suporte fornecido por algumas instituições acadêmicas de diversas partes do mundo.

Afinal, poderíamos nos perguntar, o que, em última instância, motiva a SETI? O que explicaria esse olhar dirigido às estrelas, em busca de nossos pares? Necessidade de confirmação e apoio exógenos, portanto pretensamente neutros ideologicamente, à nossa existência e expansão como civilização técnica? Logo, busca de outra materialização do "progresso", reforçando a noção moderna de uma evolução das sociedades, passando por certos estágios? Sendo verdadeiras tais suposições, poderia ser entendida a convergência ideológica de cientistas soviéticos e ocidentais, relativa a uma evolução social voltada, em certo estágio, para o desenvolvimento tecnológico acelerado.

A SETI não abrigaria, também, um exercício prospectivo, à procura de um conhecimento prévio sobre a expansão cósmica das espécies, e, portanto, sobre nosso futuro? Ou não esconderia o desejo secreto, quase religioso, de arrebatar o saber de civilizações cientificamente superiores?

Há séculos, os astrônomos procuram pacientemente decifrar a escrita sutil das estrelas.

Ainda não sabemos o que nos aguarda no fim do arco-íris.

Anexos

Anexo I

Abreviaturas e acrônimos utilizados

al	ano-luz, unidade astronômica de distância equivalente a 9,4 trilhões de quilômetros
BETA	Billion-channel Extraterrestrial Assay
c	velocidade da luz, equivalente a 300.000 quilômetros por segundo
CETI	Communication with Extraterrestrial Intelligence
CHZ	Continuously Habitable Zone
cm	centímetro
CNES	Centre National d'Etudes Spatiales
COSPAR	Committee on Space Research
EGP	Extrasolar Giant Planet
ESA	European Space Agency
ET	ExtraTerrestrial Intelligence
EUA	Estados Unidos da América
GHz	GigaHertz
GOCNAE	Grupo de Organização da Comissão Nacional de Atividades Espaciais
HRMS	High Resolution Microwave Survey
Hz	Hertz
HZ	Habitable Zone
IAA	International Academy of Astronautics
IAF	International Astronautical Federation
IAR	Instituto Argentino de Radioastronomia
IAU	International Astronomical Union

ICBM	InterContinental Ballistic Missile
IRAS	InfraRed Astronomical Satellite
INPE	Instituto Nacional de Pesquisas Espaciais
ISO	Infrared Space Observatory
ISSOL	International Society for the Study of the Origin of Life
Km	quilômetro
LINCOS	Lingua Cosmica
m	metro
MANIA	Multichannel Analysis of Nanosecond Intensity Alterations
META	Million-channel Extraterrestrial Assay
MHz	MegaHertz
NAI	Nasa Astrobiology Institute
NAIC	National Astronomy and Ionospheric Center
NASA	National Aeronautics and Space Administration
NRAO	National Radio Astronomy Observatory
OVNI	Objeto Voador Não-Identificado
pc	parsec, unidade astronômica de distância equivalente a 3,26 anos-luz
RADAR	Radio Detecting And Ranging
SERENDIP	Search for Extraterrestrial Emission from Nearby Developed Intelligent Populations
SETI	Search for ExtraTerrestrial Intelligence
SIB	Sociedade Interplanetária Brasileira
SWAS	Submillimeter Wave Astronomy Satellite
ua	unidade astronômica, equivalente a 150 milhões de quilômetros, distância média da Terra ao Sol
UFO	Unidentified Flying Object
URSS	União das Repúblicas Socialistas Soviéticas
USAF	United States Air Force
vfR	Verien fur Raumschiffahrt

ANEXO II

Principais Encontros Científicos

Simpósio sobre os Problemas Comuns aos Campos da Astronomia e Biologia, realizado em Flagstaff (EUA), durante um encontro da Sociedade Astronômica do Pacífico, em junho de 1957.

Primeiro Simpósio Internacional sobre a Origem da Vida na Terra, realizado em Moscou, sob os auspícios da Academia de Ciências da URSS e da União Internacional de Bioquímica, em agosto de 1957.

Conferência sobre Vida Inteligente Extraterrestre, sediada em Green Bank (EUA), organizada pelo Conselho de Ciência Espacial da Academia Nacional de Ciências dos EUA, em novembro de 1961.

Primeira Conferência sobre Civilizações Extraterrestres e Comunicação Interestelar, sediada em Byurakan (Armênia), organizada pela Academia de Ciências da URSS, em maio de 1964.

Primeira Conferência Soviético-Americana sobre Comunicação com Inteligências Extraterrestres (CETI), sediada em Byurakan (Armênia), organizada pela Academia Nacional de Ciências dos EUA e Academia de Ciências da URSS, em setembro de 1971.

ANEXO III

Cronologia sintética

1877 O astrônomo italiano Giovanni Schiaparelli observa, pela primeira vez, um sistema de *canali* na superfície de Marte.

1924 Alexandr Oparin publica o livreto *A origem da vida na Terra*, onde apresenta os fundamentos de uma teoria de origem química da vida.

1926 Robert Goddard lança o primeiro foguete movido a combustível líquido.

1929 Em *Origin of Life*, J.B.S. Haldane elabora sua tese da origem da vida a partir de uma "sopa primordial".

1932 P.H. Maxim sugere o rádio como um meio de comunicação com inteligências extraterrestres.

1932 Karl Jansky determina a origem galática de ondas de rádio, iniciando a radioastronomia.

1938 Orson Welles dramatiza o livro de Herbert George Wells, *A guerra dos mundos*, causando uma onda de pânico nos Estados Unidos.

1940 Grobe Reber realiza o primeiro rádio-mapa da Galáxia.

1942 Realiza-se o primeiro vôo bem sucedido do V-2, lançado da Alemanha.

1943 Anuncia-se a descoberta de sistemas planetários extra-solares.

1944 Van de Hulst divulga sua descoberta da radiação de 21cm.

1947 Um grupo de "discos voadores" é avistado nas proximidades do Monte Rainier, nos Estados Unidos.

1951 Ewen e Purcell, nos EUA, Muller e Oort na Holanda, e Christianson na Austrália, detectam a radiação de 21cm.

1953 Experimento de Miller com a sopa primordial; decifração da estrutura do DNA por Watson e Crick.

1956 Com a utilização da radiotelescopia, estima-se uma temperatura elevada para o planeta Vênus.

1957 Os primeiros satélites artificiais terrestres, os *Sputnik* 1 e 2, são colocados em órbita pela União Soviética.

1958 O astrônomo Harlow Shapley situa entre 100 milhões e 100 trilhões o número de sistemas planetários habitados.

1959 Cocconi e Morrison publicam o artigo que estabelece as bases da SETI.

1959 Início das operações do Observatório de Green Bank.

1960 Projeto Ozma: inicia-se a busca radiotelescópica de civilizações extraterrestres.

1961 Yuri Gagarin torna-se o primeiro homem a viajar pelo espaço exterior.

1964 As imagens de Marte obtidas pela nave espacial norte-americana *Mariner* 4 não revelam canais de origem artificial.

1966 Investigação SETI no hemisfério celeste sul, com a utilização de radiotelescópio australiano.

1967 Descoberta dos pulsares, inicialmente considerados como um indício de inteligência extraterrestre.

1969 O homem caminha, pela primeira vez, em outro corpo celeste, a Lua, na missão *Apollo 11*.

1972-73 As naves *Pioneer* 10 e 11 iniciam sua jornada, carregando as primeiras mensagens orientadas a seres extraterrestres.

1974 O radiotelescópio de Arecibo envia uma mensagem codificada em direção ao aglomerado globular M13, localizado na constelação de Hércules.

1976 As sondas *Viking* 1 e 2 pousam na superfície marciana, em busca de evidências de organismos extraterrestres.

1977 As sondas automáticas *Voyager* são lançadas em direção ao sistema solar exterior, com um disco contendo mensagens a uma inteligência extraterrestre.

1983 Lançamento do satélite astronômico IRAS.

1986 Os argentinos iniciam um programa de radiodetecção de inteligências extraterrestres.

1990 Colocação em órbita do Telescópio Espacial Hubble.

1995 Michel Mayor e Didier Queloz descobrem o primeiro planeta ao redor de uma estrela similar ao Sol (51 Pegasi).

1996 Anúncio da descoberta de um meteorito marciano que conteria evidências de vida fossilizada extraterrestre.

ANEXO IV

Uma pequena filmografia

Andromeda Strain, The (*O enigma de Andrômeda*. 1971, EUA, dir. Robert Wise);
Contact (*Contato*. 1997, EUA, dir. Robert Zemeckis);
Day the Earth Stood Still, The. (*O dia em que a Terra parou*. 1951, EUA, dir. Robert Wise);
Mars Attacks! (*Marte ataca!*. 1996, EUA, dir. Tim Burton);
Mission to Mars (*Missão: Marte*. 2000, EUA, dir. Brian de Palma);
Shadowlands (*Terra das sombras*. 1993, Inglaterra, dir. Richard Attenborough);
Star Trek: Insurrection (*Jornada nas estrelas: insurreição*. 1998, EUA, dir. Jonathan Frakes);
Star Trek: The Motion Picture (*Jornada nas estrelas: o filme*. 1979, EUA, dir. Robert Wise);
Star Wars (*Guerra nas estrelas*. 1977, EUA, dir. George Lucas);
Thing, The (*O monstro do Ártico*. 1951, EUA, dir. Christian Nyby);
Thing, The (*O enigma de outro mundo*. 1983, EUA, dir. John Carpenter);
Total Recall (*O vingador do futuro*. 1990, EUA, dir. Paul Verhoeven);
2001: A Space Odissey (*2001: uma odisséia no espaço*. 1968. Inglaterra, dir. Stanley Kubrick);
War of the Worlds (*Guerra dos mundos*. 1953, EUA, dir. Byron Haskin).

BIBLIOGRAFIA RECOMENDADA

ABETTI, Giorgio. *Historia de la astronomía*. México D.F., Fondo de Cultura Económica, 1983.

ALFVÉN, Hannes. "Non-solar planets and the origin of the solar system", *Nature*, 152, n.3868, Dec 18 1943, p.721.

ALIGHIERI, Dante. *A divina comédia*. Trad. Cristiano Martins. Belo Horizonte-São Paulo/Itatiaia-Edusp, 1979.

ARANHA FILHO, Jayme M. Inteligência extraterrestre e evolução: as especulações sobre a possibilidade de vida em outros planetas no meio científico moderno. Rio de Janeiro, Museu Nacional/UFRJ, 1990 (dissertação de mestrado).

ARGENTIÉRE, Rômulo. *Ondas e Radar*. São Paulo, Pincar, 1957.

_____. *O Sol e os planetas*. São Paulo, Pincar, 1959.

ARRHENIUS, Svante. "The propagation of life in space", *Die Umschau*, 7, 1903, 481. Trad. Donald Goldsmith. In: GOLDSMITH, Donald. *The Quest for Extraterrestrial Life – A Book of Readings*. Mill Valley, University Science Books, 1980, p.32-3.

_____. *L'Évolution des mondes*. Paris, Librairie Polytechnique Ch. Béranger, 1910.

ASIMOV, Isaac. *Eu, robô*. São Paulo, Edibolso, 1976.

AZEVEDO, Rubens de. *Selene: a Lua ao alcance de todos*. São Paulo, Pincar, 1959.

_____. *Lua, degrau para o infinito*. São Paulo, EdArt, 1962.

BACKUS, P. (1994). Why the SETI Institute Does No UFO Research, [Online]. Disponível: http://www.metrolink.com/seti/ufo.html [14.12.94].

BAINBRIDGE, William Sims. "Attitudes toward interstellar communication: an empirical study", *Journal of the British Interplanetary Society*, vol.36, 1983, p.298-304.

BARCELOS, Eduardo Dorneles. "Civilizações extraterrestres", *Cadernos de Astronomia*. Rio de Janeiro, Museu de Astronomia e Ciências Afins (MAST/CNPq), n.17, abr 1993.

_____. "Na terra de Oz – os debates sobre a pesquisa de vida e inteligência extraterrestres (1959-1993)", *Revista da Sociedade Brasileira de História da Ciência*, n.10, jul-dez 1993, p.29-42.

_____. "Exobiologia: civilizações extraterrestres", *Perspicillum*, vol.7, n.1, nov 1993, p.57-69.

_____. "Naves espaciais – a aventura da astronáutica", *Cadernos de Astronomia*, n.19. Rio de Janeiro, Museu de Astronomia e Ciências Afins (MAST/CNPq), dez 1993.

_____. "Unicamp reedita clássico sobre ETs", *O Estado de S. Paulo*, p.D12, 30.1.94.

_____. "No fim do arco-íris, um pote de mistérios", *O Estado de S. Paulo*, p.D4, 20.8.95.

_____. "Ets retornam em clássico do século 19", *O Estado de S. Paulo*, p.D12, 17.9.95.

_____. "Argentinos buscam extraterrestres", *O Estado de S. Paulo*, p.D14, 31.3.96.

_____. "A sopa quente: breve histórico das teorias sobre a origem da vida e a vida extraterrestre (1920-1959)", *Revista Múltipla*, vol.4, n.6, jul 1999, p.9-20.

BARNES, E.W. "Supplement to Nature", *Nature*, vol.128, 1931, p.719-22.

BECQUEREL, Paul. "La Vie terrestre provient-elle d'un autre monde?", *L'Astronomie*, 38, 1924, p.393-417.

BERNAL, John Desmond. "Significance of carbonaceous meteorites in theories on the origin of life", *Nature*, n.4771, Apr 8 1961, p.129-31.

_____. *Ciência na história*. Trad. António Pedro. Lisboa, Horizonte, 1978, 7 vols.

BLACKMORE, Susan. "Alien abduction – the inside story", *New Scientist*, n.1952, vol.144, 19 nov 1994, p.29-31.

BLUM, Harold. "Perspectives in evolution", *American Scientist*, 43, n.4, Oct 1955, p.595-610.

BRACEWELL, R.N. "Communications from superior galactic communities", *Nature*, 186, n.4726, 1960, p.670-1.

BRADBURY, Ray. *As crônicas marcianas*. Trad. José Sanz. Rio de Janeiro, Francisco Alves, 1980.

BRASIL. Agência Espacial Brasileira. Sociedade Brasileira de Direito Aeroespacial. *Direito Espacial: Coletânea de convenções, atos internacionais e diversas disposições legais em vigor*. Imprensa Nacional, Brasília, 1997.

BRIGGS, M.H. "Meteorites and the origin of life", *Spaceflight*, 2, 1959, p.39-43.

BRUNO, Giordano. *Acerca do infinito, do universo e dos mundos*. Trad. Aura Montenegro. Lisboa, Fundação Calouste Gulbenkian, s/d.

CALVIN, Melvin. "Chemical evolution and the origin of life", *American Scientist*, 44, n.4, jul 1956, p.248-63.

CAPOZOLI, Ulisses; Gewandsznajder, Fernando. *Origem e história da vida*. São Paulo, Editora Ática, 1994.

CARLES, Jules. *As origens da vida*. Trad. Joaquim Coelho da Rosa. Lisboa, Edições 70, 1984.

CASTI, John L. *Paradigms Lost – Tackling the Unanswered Mysteries of Modern Science*. Nova York, Avon Books, 1990.

CAVE, Thomas. "Some observations of Mars in 1956", *Sky and Telescope*, mar 1957, p.218-21.

CLARKE, Arthur Charles. "The challenge of the spaceship (astronautics and its impact upon human society)", *Journal of the British Interplanetary Society*, 6, 3, 1946, p.66-81.

_____. *The Exploration of Space*. Nova York, Pocket Books, 1954.

_____. *Childhood's End*. Londres, Pan Books, 1956.

_____. *Rendevous with Rama*. Nova York, Ballantine Books, 1975.

_____. *Areias de Marte*. Lisboa, Livros do Brasil, col. Argonauta, s/d.

CLAUS, George; NAGY, Bartholomew. "A microbiological examination of some Carbonaceous Chondrites", *Nature*, vol.192, Nov 18 1961, p.594-6.

CLEATOR, P.E. "Extra-terrestrial life", *Journal of the British Interplanetary Society*, 2, n.1, may 1935, p.3-4.

COCCONI, Giuseppe; MORRISON, Philip. "Searching for interstellar communications", *Nature*, 184, n.4690, 1959, p.844-6.

CRICK, Francis. *Vida*. Trad. Maria Magalhães. Lisboa, Gradiva, 1988.

CRICHTON, Michael. *O enigma de Andrômeda*. São Paulo, Edibolso, 1978.

CROWE, Michael J. *The Extraterrestrial Life Debate — 1750-1900*. Nova York, Cambridge University Press, 1986.

DANIKEN, Erich von. *Eram os deuses astronautas? Enigmas indecifrados do passado*. Trad. E. Kalmus. São Paulo, Melhoramentos, 1971.

DARWIN, Charles. *Origem das espécies*. Porto, Lelo, s/d.

DAVIES, Paul. *Are We Alone? Philosophical Implications of the Discovery of Extraterrestrial Life*. Nova York, Basic Books, 1995.

DE VAUCOULEURS, Gerard. "Observations of Mars in 1958", *Sky and Telescope*, vol.18, jul 1959, p.484-9.

_____. "The detection of extra-solar planets. Notes and news", *Journal of the British Interplanetary Society*, vol.12, n.1, 1953, p.77-78.

DICK, Steven J. *Plurality of Worlds – The Origins of Extraterrestrial Life Debate from Democritus to Kant*. Cambridge, Cambridge University Press, 1982.

_____. *The Biological Universe – The Twentieth-Century Extraterrestrial Life Debate and the Limits of Science*. Nova York, Cambridge University Press, 1996.

DIXON, Robert. "Argus – A future SETI telescope", *Bioastronomy News*, vol.7, n.1, 1995, p.1-2, 4.

_____. "Update on the Ohio State Radio Observatory", *SETI* News, vol.4, 6, n.2, 1995, p.4.

DOYLE, Arthur Conan. *A nuvem envenenada*. Trad. Mario Fondelli. São Paulo, Newton Compton Brasil, 1996.

DRAKE, Frank. "Radio astronomy receivers – II", *Sky and Telescope*, vol.19, Dec 1959, p.87-9.

_____. "Project Ozma", *Physics Today*, vol.14, 1961, p.40-2, 44, 46.

_____. "Reflections on the modern history of SETI", *Acta Astronautica*, vol.26, n.3/4, 1992, p.143-4.

DUCKWALL, W.E. "Life on the Moon", *Popular Astronomy*, 47, 1939, p.517-8.

EISELEY, Loren C. "Is man alone in space?", *Scientific American*, vol.189, jul 1953, p.80-6.

_____. *A imensa jornada*. São Paulo, Cultrix, 1964.

ELIOT, T.S. *Quatro quartetos*. Trad. Oswaldino Marques. Rio de Janeiro, Opera Mundi, 1970.

ENGELS, Friedrich. *Dialética da natureza*. s.l., Flama, s.d.

FIRSOFF, V.A. "Possible alternative chemistries of life", *Spaceflight*, vol.7, n.4, 1965, p.132-6.

FLAMMARION, Camille. *A pluralidade dos mundos habitados: estudo onde se expõem as condições de habitabilidade das terras celestes discutidas do ponto de vista da astronomia, da fisiologia e da filosofia natural*. Tradução Noberto de Paula Lima. São Paulo, Ícone, 1995.

FONTENELLE, Bernard de Bovier de. *Diálogos sobre a pluralidade dos mundos*. Trad. Denise Bottmann. Campinas, Editora da Unicamp, 1993.

FOX, Sidney. "Origin of life", *Science*, vol.127, fev, 14, 1958, p.346-7.

_____. "Humanoids and proteinoids", *Science*, vol.144, n.3621, 1964, p.954.

FREUDENTHAL, Hans. "Lincos". Amsterdã, North Holland, 1960. In: REGIS Jr., E., *Extraterrestres – ciência e inteligência alienígenas*. Trad. Renato Casquilho, s.l., Europa-América, s/d, p.221-34.

GARDNER, Martin. *Manias e crendices em nome da ciência*. Trad. Jorge Rêgo Freitas. São Paulo, IBRASA, 1960.

GOLDSMITH, Donald. *The Quest for Extraterrestrial Life – A Book of Readings*. Mill Valley, University Science Books, 1980.

GOOD, I.J. "The human preserve", *Spaceflight*, vol.7, n°5, 1965, p.167-70.

GOULD, Stephen. *O sorriso do flamingo*. Trad. Luis Borges. São Paulo, Martins Fontes, 1990.

GUTHKE, Karl. *The Last Frontier – Imagining Other Worlds from the Copernican Revolution to Modern Science Fiction*. Ithaca, Cornell University Press, 1990.

HALDANE, John Burdon Sanderson. "The origin of life". Rationalist Annual. London, Rationalist Press Association, 1929. In: GOLDSMITH, Donald. *The Quest for Extraterrestrial Life – A Book of Readings*. Mill Valley, University Science Books, 1980, p. 28-31.

HARVEY, Ralph P.; MCSWEEN, Jr, Harry Y. (1996). "A possible high-temperature origin for the carbonates in the martian meteorite ALH84001", *Nature* [Online], vol.382, 7pp. Disponível: "//www.nature.com/Nature2/serve?SID=67811111" [15.10.96].

HEIDMANN, Jean. *Inteligências extraterrestres*. Trad. Maria Luiza Borges. Rio de Janeiro, Jorge Zahar, 1995.

HESS, Seymour L. "Atmospheres of other planets", *Science*, vol.128, n.3328, Oct 10 1958, p.809-14.

HOGBEN, Lancelot. "Astraglossa or first steps in celestial syntax", *Journal of the British Interplanetary Society*, vol.11, n.6, 1952, p.258-74.

_____. "Cosmical language", *Nature*, vol.192, n.4805, 1961, p.826-7.

HOYLE, Fred. *Frontiers of Astronomy*. Nova York, Mentor Books, 1959.

_____. *A nuvem negra*. Trad. Maria da Glória Reis. Rio de Janeiro, GRD, 1962.

_____; WICKRAMASINGHE, Chandra. *Lifecloud*. Nova York, Harper & Row Publishers, 1978.

_____. *Fuerza vital cósmica – la energía de la vida por el universo*. México, Fondo de Cultura Económica, 1992.

HUME, David. "Dialogues Concerning Natural Religion". In: HENPEL, C.W. (org.). *Hume Selections*. Nova York, Charles Scribners Sons, 1927.

HYNEK, J. Allen. *Ufologia: uma pesquisa científica*. Trad. Wilma Carvalho. Rio de Janeiro, Nórdica, s/d.

JEANS, James. "Is there life on other worlds?", *Science*, vol.95, n.2476, 12 jun 1942, p.589-92.

_____. "Non-solar planetary systems", *Nature*, 152, n.3868, Dec 18 1943, p.721.

JEFFREYS, Harold. "On the early history of the solar system", *Monthly Notices of the Royal Astronomical Society*, 78, n.6, Apr 1918, p.424-41.

_____. "Origin of the solar system", *Nature*, 153, n.3874, 29 jan 1944, p.140.

JOHN, Charles E. St.; NICHOLSON, Seth B. "The spectrum of Venus", *The Astrophysical Journal*, 56, 1922, p.380-99.

JUNG, Carl Gustav. *Um mito moderno sobre coisas vistas no céu*. Trad. Elva Abramowitz. Petrópolis, Vozes, 1991.

KAMMINGA, Harmke. "Life from space – a history of Panspermia", *Vistas in Astronomy*, vol.26, 1982, p.67-86.

KANT, Immanuel. *Historia natural y teoria general del cielo*. Buenos Aires, Lautaro, 1946.

KASTING, James K.; TOON, Owen B.; POLLACK, James B. "How climate evolved on the terrestrial planets", *Scientific American*, 258, 2, 1988, p.48-53.

KHUON, Ernst von (org.). *Vieram os deuses de outras estrelas? Cientistas discutem as teses de Erich von Daniken*. Trad. Trude Solstein. São Paulo, Melhoramentos, 1972.

KOCH, Howard; WELLS, H.G. "A guerra dos mundos". Trad. Eglê Malheiros. In: CUNHA, Fausto (org.). *Antologia cósmica – primeiros contatos com seres extraterrestres*. Rio de Janeiro. Francisco Alves, 1982, p.7-29.

KOOISTRA, J.A.; MITCHELL, R.B.; STRUGHOLD, H. "The behavior of microorganisms under simulated martian environmental conditions", *Publications of the Astronomical Society of the Pacific*, vol.70, 1958, p.64-9.

KRAUS, John. "We wait and wonder", *Cosmic Search*, vol.1, n.3, 1979.

KRAUSS, Lawrence M. *A física de Jornada nas Estrelas: Star Trek*. Trad. Eduardo Nunes. São Paulo, Makron Books, 1996.

KUHN, Thomas. *A estrutura das revoluções científicas*. Trad. Beatriz Vianna Boeira e Nelson Boeira. São Paulo, Perspectiva, 1982.

LAKATOS, Imre; MUSGRAVE, Alan. *A crítica e o desenvolvimento do conhecimento*. Trad. Octavio Cajado. São Paulo, Cultrix/Edusp, 1979.

LAPLACE, Pierre Simon de. *Breve história de la astronomia*. Trad. José Banfi. Buenos Aires, Espasa/Calpe Argentina, 1947.

LARSON, Eric. "Vinculos extraterrestres", *OMNI*, n.3, p.16-7.

LAUNIUS, Roger D. *NASA*: A History of the *US* Civil Space Program. Malabar, Krieger, 1994.

LAWTON, A.T. "Infra-red interstellar communication", *Spaceflight*, vol.13, n.3, 1971, p.83-5.

LEDERBERG, Joshua; COWIE, Dean B. "Moondust", *Science*, vol.127, n.3313, 27 jun 1958, p.1473-5.

_____. "Exobiology: approaches to life beyond the Earth", *Science*, vol.132, 1961, p.393-400.

LEMARCHAND, Guillermo A. *El llamado de las estrellas – búsqueda de inteligencia extraterrestre*. Buenos Aires, Lugar Cientifico, 1992.

_____. "Utilización de la radioastronomía para la detección de civilizaciones extraterrestres: el Proyecto META en la Argentina". In: FERNÁNDEZ, Julio Angel; Mizraji, E. (orgs.). *Vida y cosmos – nuevas reflexiones*. Montevideo, EUDECI, 1995, p.165-88.

LESCHEV, V. "If UFOs did visit us", *Science in the URSS*, n.4, 1990, p.22.

LEWIS, C.S. "Ministering angels". In: HARTWELL, David G. (org.). *The Science Fiction Century*. Nova York, Tor Books, 1977.

LOWELL, Percival. "Mars as the abode of life. New York", The Macmillan Company, 1908. In: GOLDSMITH, Donald. *The Quest for Extraterrestrial Life — A Book of Readings*. Mill Valley, University Science Books, 1980, p.76-9.

MACGOWAN, Roger; ORDWAY III, Frederick. *Inteligência no universo*. Trad. Ireno Berticelli. Petrópolis, Vozes, 1972.

MAXIM, Hiram Percy. "What is it all about?", *Scientific American*, abr 1932, p.199-203.

MAYR, Ernst. *O desenvolvimento do pensamento biológico: diversidade, evolução e herança*. Trad. Ivo Bartinazzo. Brasília, EdUnB, 1998.

MCDONOUGH, Thomas R. *The Search for Extraterrestrial Intelligence – Listening for Life in the Cosmos*. Nova York, Wiley Science, 1987.

MCKAY, Christopher P.; FRIEDMANN, E. Imre; MEYER, Michael A. "From Siberia to Mars", *The Planetary Report*, vol.XI, n.2, Mar-Apr 1991, p.8-11.

MCKAY, Christopher P.; TOON, Owen B.; KASTING, James F. "Making Mars habitable", *Nature*, vol.352, Aug 8 1991, p.489-96.

MCKAY, David S.; GIBSON Jr., Everett K.; THOMAS-KEPRTA, Kathie L.; VALI, Hojatollah; ROMANEK, Christopher S.; CLEMETT, Simon J.; CHILLIER, Xavier D.F.; MAECHLING, Claude R.; ZARE, Richard N. "Search for past life on Mars: possible relic biogenic activity in Martian meteorite ALH84001", *Science*, vol.273, n.5277, Aug 16 1996, p.924-30.

MEDITSCH, Eduardo (org.). *Rádio e pânico:* A guerra dos mundos, *60 anos depois*. Florianópolis, Insular, 1998.

MICHAUD, Michael A.G. "Improving the prospects for life in the universe". In: GALE, William A. (org.). *Life in the Universe. AAAS* Selected Symposium, 31. Westview Press. 1979, p.107-17.

MILLER, Stanley L. "A production of amino acids under possible primitive Earth conditions", *Science*, vol.117, 1953, p.528-9.

_____ & UREY, Harold. "Organic compound synthesis on the primitive Earth", *Science*, vol.130, n.3370, 1959, p.245-51.

MOJZSIS, S.J.; ARRHENIUS, G.; MCKEEGAN, K.D.; HARRISON T.M.; NUTMAN, A.P.; FRIEND, R.L. "Evidence of life on Earth before 3,800 million years ago", *Nature*, vol.384, n.6604, 7 nov 1996.

MOORE, Alan, GIBBONS, Dave. *Watchmen*. São Paulo, Abril, 1988-89, 6 vols.

MOORE, Patrick. "The planet Mars", *Journal of the British Interplanetary Society*, 14, 2, Mar-Apr 1955, p.65-84.

_____. *El espacio en los años 60*. Trad. M. Arimany. Barcelona, Aymá Sociedad Anónima Editora, 1965.

MONDOLFO, Rodolfo. *O infinito no pensamento da Antigüidade clássica*. Trad. Luiz Darós. São Paulo, Mestre Jou, s/d.

MONTAIGNE, Michel de. *Ensaios*. Trad. Sérgio Milliet. Porto Alegre, Globo, 1962.

MOREUX, Abbé Th. *Les autres mondes sont-ils habités?* Paris, Scientifica, 1912.

_____. (1924) *La Vie sur Mars*. [Online]. Disponível: http://web.cnam.fr/ABU/abu_server.html?pub/ABU/anteABU/moreux.txt [20.12.1995].

MORRISON, P.; BILLINGHAM, J.; WOLFE, J. *The Search for Extraterrestrial Intelligence*. NASA SP-419. Nova York, Dover, 1979.

MOURÃO, Ronaldo Rogério de Freitas. *Dicionário enciclopédico de astronomia e astronáutica*. Rio de Janeiro, Nova Fronteira, 1995.

MULLER, H.J. "Life", *Science*, vol.121, 7 jan 1955, p.1-9.

MURRAY, Bruce (org.). *Marte e a mente do homem*. Rio de Janeiro, Artenova, 1973.

NAEYE, Robert. "Is this planet for real?", *Astronomy*, vol.24, n.3, mar 1996, p.34-41.

NEWMAN, James R. "Book review of 'Interstellar Communication'", *Scientific American*, vol.210, 1964, p.141-6.

NICKELL, Joe. "'Alien autopsy' Hoax'", *Skeptical Inquirer*, vol.19, n.6, Nov-Dec 1995, p.17-9.

NICOLINI, Jean. *Marte — o planeta do mistério: ABC da areografia*. São Paulo, Edart, 1962.

NIEMAN, H.W. & NIEMAN, C.W. "What shall we say to Mars?", *Scientific American*, 20 mar 1920, p.298.

_____. "No Mars messages yet, Marconi radios; ends yacht trip "Listening In" On planets today", *New York Times*, 16 jun 1922, p.19. In: GOLDSMITH, Donald. *The Quest for Extraterrestrial Life: A Book of Readings*. Mill Valley, University Science Books, 1980, p.80.

NYE, E.R. "The possibility of potentially pathogenic organisms ocurring on another planet", *Journal of the British Interplanetary Society*, vol.9, 1950, p.62-3.

OLIVEIRA, Fabíola de. *Caminhos para o espaço, 30 anos do INPE – Instituto Nacional de Pesquisas Espaciais/Brasil*. São Paulo, Contexto, 1991.

OLIVER, Bernard M. "Technical considerations in interstellar communication". In: PONNAMPERUMA, C., CAMERON, A. (org.). *Interstellar Communication: Scientific Perspectives*. Boston, H.M. Company, 1974. p.141-67.

O'NEILL, Gerard K. "The colonization of space", *Physics Today*, 27, 1974, p.32-40.

OPARIN, Alexandr Ivanovich. *The Origin of Life on the Earth*. Nova York, Academic Press, 1957.

_____; FESENKOV, V.G. *La Vie dans l'univers*. Moscou, Editions en Langues Etrangères, 1958.

ORGEL, Leslie. *As origens da vida: moléculas e seleção natural*. Trad. Helena Arantes. Brasília, EdUnB, 1985.

ORNSTEIN, Leonard. "Life on other planets: some exponential speculations", *Science*, vol.144, n.3619, 1964, p.614-5.

OTERO, Léo Godoy. *Introdução a uma história da ficção científica*. São Paulo, Lua Nova, 1987.

PAPAGIANNIS, Michael D. "Are we all alone, or could they be in the asteroid Belt?", *Quartely Journal of the Royal Astronomical Society*, 19, 1978, p.277-81.

PAPP, Desiderius. *Los mundos habitados*. Barcelona, Iberia, 1949.

PASCAL, Blaise. *Pensamentos*. Trad. Leonel Vallandro. Porto Alegre, Globo, 1973.

PATY, Michel. "Critique du principe antropique", *La Pensée*, n.251, 1986, p.77-95.

PEREIRA, Flávio. *Introdução à astrobiologia*. Biblioteca Internacional de Ciência, vol.I. São Paulo, Sociedade Interplanetária Brasileira, 1958.

_____. *Astrobiologia*. São Paulo, Traço, 1980.

PESSOA, Fernando. *Obra poética*. Rio de Janeiro, Nova Aguilar, 1986.

PODSIADLOWSKI, Ph; PRINGLE, J.E.; REES, M.J. "The origin of the planet orbiting PSR1829-10", *Nature*, vol.352, Aug 29 1991, p.783-4.

PRICE, Derek J. de Solla. *O desenvolvimento da ciência: análise histórica, filosófica, sociológica e econômica*. Trad. de Simão Mathias. Rio de Janeiro, Livros Técnicos e Científicos, 1976.

QUILLFELDT, Jorge Alberto. "A aurora da grande odisséia", *Ad Astra*, 4, n.18, set-out 1982, p.14-20.

REBISSO, Daniel. "Glossário exobiológico". Belém, 1996. Trabalho não publicado.

REGIS Jr., E. (coord.). *Extraterrestres – ciência e inteligência alienígenas*. Trad. Renato Casquilho. s.l., Europa-América, s/d.

RESCHER, Nicholas. "Ciência extraterrestre". In: REGIS Jr., E. *Extraterrestres – ciência e inteligência alienígenas*, s.l., Europa-América, s.d., p.93-124.

REUYL, Dirk; HOLMBERG, Erik. "On the existence of a third component in the system 70 Ophiuchi", *The Astrophysical Journal*, 97, 1943, p.41-5.

RUPPELT, Edward J. *Discos voadores – relatório sobre os objetos voadores não identificados*. Trad. J. Escobar Faria e Auriphebo Simões. São Paulo, Difel, 1959.

RUSSELL, Bertrand. *História da filosofia ocidental*, livro terceiro. Trad. Brenno Silveira. São Paulo, Companhia Editora Nacional, 1957.

SAGAN, Carl. "The planet Venus", *Science*, vol.133, n.3456, 1961, p.849-58.

_____. *Cosmic Connection*. Trad. Vincent Bardet. Paris, Seuil, 1975.

_____. *O romance da ciência*. Trad. Carlos Medeiros. Rio de Janeiro, Francisco Alves, 1979.

_____. *Os dragões do Éden*. Trad. Sergio Teixeira e Maria de Oliveira. Rio de Janeiro, Francisco Alves, 1980.

_____. "Extraterrestrial intelligence: an international petition", *Science*, vol.218, 1982, p.426.

_____ (org.). *Comunicación con inteligencias extraterrestres*. Trad. Ramón Carbó e Miguel Torres. Buenos Aires, Sudamericana/Planeta, 1984.

_____. *Contact*. Londres, Arrow Books, 1989.

_____. *Pálido ponto azul*. Trad. Rosaura Eichemberg. São Paulo, Companhia das Letras, 1996.

_____; SAGAN, Linda, DRAKE, Frank. "A message from Earth", *Science*, vol.175, 1972, p.881-4.

_____; NEWMAN, William I. "The solipsist approach to extraterrestrial intelligence", *Quarterly Journal of the Royal Astronomical Society*, 24, 1983, p.113-21.

SAVAGE, Donald; FARRAR, Diane. "NASA develops plan to search for Martian fossils", NASA Press Release 94-49. Washington, DC, 1994.

SCHATZMAN, Evry. *Les Enfants d'Uranie – A la recherche des civilisations extraterrestres*. Paris, Seuil, 1986.

SCHMIDT, Otto. "As teorias da origem da Terra". In: *O cosmos – a origem e a evolução do universo*. Trad. Rolando da Silva. São Paulo, Felman-Rêgo, s/d., p.75-95.

SCHWARTZ, R.N.; TOWNES, C.H. "Interstellar and interplanetary communication by optical masers", *Nature*, vol.190, 1961, p.205-8.

SCHWARTZMAN, David; RICKARD, Lee J. "Being optimistic about the search for extraterrestrial intelligence", *American Scientist*, vol.76, 1988, p.364-9.

SHAPIRO, Robert. *Origens*. Trad. Jorge Buescu. Lisboa, Gradiva, 1987.

SHAPLEY, Harlow. *The View from a Distant Star – Man's Future in the Universe*. Nova York, Basic Books, 1963.

_____. *De estrellas y hombres*. México D.F., Fondo de Cultura Económica, 1974.

SHARPLESS, Bevan P. "Secular accelerations in the longitudes of the satellites of Mars", *The Astronomical Journal*, vol.51, n.7, nov 1945, p.185-6.

SHEAFFER, Robert. "An examination of claims that extraterrestrial visitors to Earth are been observed". In: HART, Michael; ZUCKERMAN, Ben. *Extraterrestrials – Where Are They?*. Nova York, Pergamon Press, 1982, p.20-8.

SHEFFIELD, Charles. *Maré de Verão* – Livro Um de *O Universo dos Construtores*. Trad. Ronaldo Sergio de Biasi. Rio de Janeiro, Record, 1993.

_____. *Divergência* – Livro Dois de *O Universo dos Construtores*. Trad. de Ronaldo Sergio de Biasi. Rio de Janeiro, Record, 1994.

SHKLOVSKII, Iosif. *Univers, vie, raison*. Moscou, Editions de La Paix, s/d.

_____; SAGAN, Carl. *Intelligent Life in the Universe*. Nova York, Holden-Day, 1966.

SIMPSON, George Gaylord. "The non-prevalence of humanoids", *Science*, vol.143, n.3608, 1964, p.769-75.

SLATER, A.E. "Biological problems of space flight", *Journal of the British Interplanetary Society*, 1951, p.154-8.

_____. "The evolution of life in the universe", *Journal of the British Interplanetary Society*, 1953, p.114-8.

"Soviet Scientists on Radio Denies Martian Invasion", *New York Times*, 1° mai 1955, p.20. In: GOLDSMITH, Donald. *The Quest for Extraterrestrial Life: A Book of Readings*. Mill Valley, University Science Books, 1980, p.84.

"Space Law (discussion of a paper by A.G. Haley)", *Journal of the British Interplanetary Society*, vol.16, n.1, 1957, p.40-3.

STAPLEDON, Olaf. "Interplanetary man?", *Journal of the British Interplanetary Society*, vol.7, n.6, nov 1948, p.213-33.

STEIGER, Brad. *Projeto Livro Azul*. Trad. Francisca Fontes. Lisboa, Internacional Portugália, s/d.

STEPHENSON, D.G. "Extraterrestrial cultures within the solar system?", *Quartely Journal of the Royal Astronomical Society*, 20, 1979, p.422-6.

STERNFELD, A. *O vôo no espaço cósmico*. Trad. Barreto Borges. Rio de Janeiro, Editorial Vitória, 1957.

STRAND, Kaj AA. "61Cygni as a triple system", *Publications of the Astronomical Society of the Pacific*, vol.55, 1943, p.29-32.

STRUGHOLD, Hubertus. "General review of problems common to the fields of astronomy and biology", *Publications of the Astronomical Society of the Pacific*, vol.70, 1958, p.43-50.

STRUVE, Otto. "Life on other worlds", *Sky and Telescope*, vol.14, n.4, Feb 1955, p.137-140.

STULL, M. A. "Cultural Evolution". In: *The Search for Extraterrestrial Intelligence*. NASA SP-419. Nova York, Dover, 1979, p.27-30.

SULLIVAN, Walter. *Não estamos sós: a busca de vida inteligente em outros mundos*. Trad. Octávio Cajado. São Paulo, Cultrix, 1971.

SWIFT, David W. *Seti Pioneers – Scientists Talk About Their Search for Extraterrestrial Intelligence*. Tucson, The University of Arizona Press, 1990.

TARTER, Jill C. "Debating the search for extraterrestrial intelligence", *Sky & Telescope*, vol.7, n.3, mar 1990, p.245.

TIKHOV, G. "Is life possible on other planets?", *Journal of the British Interplanetary Society*, vol.65, abr 1955, p.193.

_____. *Reaching for the Stars*. Moscou, Foreign Languages Publishing House, s/d.

TIPLER, Frank. "Extraterrestrial intelligent beings do not exist", *Quartely Journal of the Royal Astronomical Society*, 21, p.193, 1980, p.193.

_____. "A brief history of the extraterrestrial intelligence concept", *Quartely Journal of the Royal Astronomical Society*, 22, 1981, p.133-45.

_____. "Intelligent life in the universe", *Sky and Telescope*, vol.80, n.6, 1990, p.612-3.

TOMBAUGH, Clyde W. "Mars be artificial?", *Astronautics*, dec 1959, p.39, 54.

TSIOLKOVSKY, K.E. *The Call of the Cosmos*. Moscou, Foreign Languages Publishing House, s/d..

UNITED NATIONS. *Highlights in Space – Progress in Space Science, Technology and Applications, International Cooperation and Space Law, 1994*. Viena, Office for Outer Space Affairs, 1995.

_____. *United Nations Treaties and Principles on Outer Space*. Nova York, Office for Outer Space Affairs, 1996.

UREY, Harold C. "Diamonds, meteorites, and the origin of the solar system", *The Astrophysical Journal*, 124, nov 1956, p.623-37.

UREY, Harold C. "Life-forms in meteorites", *Nature*, n.4821, 24 mar 1962, p.1119-23.

VAN DE KAMP, Peter. "Stars or planets?", *Sky and Telescope*, n.38, 22, Dec 1944, p.5-7.

VON HOERNER, Sebastian. "The search for signals from other civilizations", *Science*, vol.134, n.3498, 1961, p.1839-43.

VOLTAIRE, F.M.A. de. *O pensamento vivo de Voltaire: apresentado por André Maurois*. Trad. Lívio Teixeira. São Paulo, Martins /Edusp, 1975.

_____. *O filósofo ignorante*. Trad. Marilena de Souza Chauí. São Paulo, Abril, 1978.

WARD, Peter D.; BROWNLEE, Donald. *Rare Earth: Why Complex Life is Uncommon in the Universe*, Nova York, Copernicus, 2000.

WATSON, J. D.; CRICK, F.H.C. "A structure for Deoxyribose Nucleic Acid", *Nature*, 171, n.4356, Apr 25 1953, p.737-8.

WELLS, Herbert George. *The War of the Worlds*. Nova Jersey, Andor Publishing, 1976.

WHEELER, J.A.; PATTON, C.M. "A física é governada pela cosmologia?". In: DUNCAM, R.; WESTON SMITH, M. (orgs.). *A enciclopédia da ignorância*. Trad. Marcelo Raffaelli et alli. Brasília, EdUnB, 1981, p.35-45.

WHIPPLE, Fred L. "A hipótese da nuvem de pó". In: PIEL, Gerard. *A nova astronomia*. Trad. Alberto Denis. São Paulo, IBRASA, 1959, p.170-84.

WOLKOMIR, Richard. "Alien worlds: the search heats up", *Discover*, vol.8, n.10, 1987, p.66-79.

Agradecimentos

Resultado de mais de uma década de pesquisas acadêmicas, este livro procura sintetizá-las sem o jargão acadêmico. Para tanto, minha atividade de resenhador desenvolvida junto ao jornal *O Estado de S. Paulo* foi decisiva, estimulada e propiciada por Ulisses Capozoli, com quem também travei inumeráveis discussões sobre a busca científica do *outro* cósmico.

Este livro só transitou do mundo das idéias para o real devido à pertinácia de Henrique Lins de Barros, companheiro de inquietações filosóficas e científicas.

Jorge Alberto Quillfeldt, eterno entusiasta da exobiologia, tem sido o interlocutor mais constante, já se vão 20 anos, a quem devo tantas correções de rumo. A Regina Célia França, colega, amiga e crítica firme, devo o esmero na leitura de alguns capítulos desta obra.

Os trabalhos que deram ensejo ao livro só foram possíveis pela orientação e apoio do professor Shozo Motoyama, nos longos anos do mestrado e doutorado.

Durante a pesquisa, os professores Maria Amélia Mascarenhas Dantes, Michel Paty e Nicolau Sevcenko contribuíram com valiosas sugestões e críticas. Aos amigos Daniel Rebisso, Ana Maria Ribeiro de Andrade, Paulo Cabral Filho, Lauro Fortes, Telma Jabur e Roberto André dos Santos — e a tantos outros – devo a fraternidade que serviu de alicerce nos momentos mais difíceis.

As ilustrações retrô-futuristas de Aílton Maciel certamente tornarão a leitura deste opúsculo mais palatável.

Pela paciência e compreensão, que, provavelmente, jamais serão plenamente recompensadas, nunca é excessivo nem suficiente lembrar minha família, Doris, Curt, Natasha, Terence, Gunnar, Israel e Vera.

Lourdes e Ely, meus pais, sempre acreditaram que o estudo e a ciência estavam acima das pequenezas do dia-a-dia. Por isto, mas não apenas, vale todo o esforço.

Mestres e amigos, José Reinaldo Magalhães e Guilherme de La Penha (*in memoriam*) acompanharam minha aventura intelectual de explorar o universo.

Produto, essencialmente, da transformação lavoisieriana de uma dissertação de mestrado e de uma tese de doutorado, este livro também resulta da cooperação, das mais variadas formas, de professores, colegas e funcionários da Universidade de São Paulo, particularmente do Departamento de História, Centro Interunidade de História da Ciência e Instituto Astronômico e Geofísico, bem como do Museu de Astronomia e Ciências Afins e da Agência Espacial Brasileira. A todos, minha estima.

Ao jornal *O Estado de S. Paulo* agradeço a autorização para a utilização de partes de artigos publicados no veículo. O mesmo é extensível ao Museu de Astronomia e Ciências Afins e às Faculdades Integradas UPIS, pela permissão de reprodução de material veiculado, respectivamente, na *Perspicillum, Cadernos de Astronomia* e *Revista Múltipla*.

A Cristina Zahar e sua equipe sou grato pelo arrimo na confecção do livro, em especial a André Telles, cuja minuciosa revisão suprimiu muitas impropriedades. As que restaram são, evidentemente, de minha inteira responsabilidade.